LA CONFÉRENCE DE PRESSE

Du même auteur

Le communiqué ou l'art de faire parler de soi, Montréal, VLB éditeur, 1990.

La crise d'octobre et les médias : le miroir à dix faces, Montréal, VLB éditeur, 1990.

En collaboration

Bernard Dagenais et Marc Raboy (éd.), *Media, Crisis and Democracy: Mass Communication and the Disruption of Social Order*, Londres, Sage, 1992.

Bernard Dagenais

LA CONFÉRENCE DE PRESSE
ou l'art de faire parler les autres

Les Presses de l'Université Laval
Sainte-Foy, 1996

Les Presses de l'Université Laval sont inscrites au Programme de subvention globale du Conseil des Arts du Canada et reçoivent l'appui de la SODEC.

Données de catalogage avant publication (Canada)

Dagenais, Bernard

La conférence de presse, ou l'art de faire parler les autres

Comprend des réf. bibliogr.

ISBN 2-7637-7458-X

1. Conférences de presse. I. Titre. II. Titre: Art de faire parler les autres.

PN4784.P69D33   1966   659.2   C96-940051-9

Infographie et couverture
   Folio infographie

Dans cet ouvrage, le masculin est utilisé comme représentant des deux sexes, sans discrimination à l'égard des hommes et des femmes et dans le seul but d'alléger le texte.

3ᵉ tirage 1999

Distribution Univers
845, rue Marie-Victorin
Saint-Nicolas (Québec)
Canada G0S 3L0
Tél. (418) 831-7474 ou 1 800 859-7474
Téléc. (418) 831-4021

INTRODUCTION

Nous vivons dans un monde où la communication et l'information exercent une grande influence sur la définition des enjeux sociaux. Qu'il s'agisse d'activités artistiques ou politiques, de causes humanitaires ou d'économie, de sport ou de religion, chaque partenaire social veut pouvoir s'exprimer et revendique son droit à la parole.

Il existe différentes techniques permettant à chacun de faire connaître ses positions sur la place publique. Du simple communiqué à la manifestation regroupant des milliers de personnes, d'une participation à un salon spécialisé à l'achat d'une page de publicité, de la lettre personnalisée au dépliant déposé à la porte des maisons, ces formes d'expression cherchent toutes à atteindre des publics bien ciblés.

Parmi les techniques modernes de communications et de relations publiques, la conférence de presse est sans doute celle dont le public entend le plus souvent parler. Il s'agit d'un processus de transmission de nouvelles et d'informations par les médias de masse que lancent, à leur gré, divers groupes. Ainsi, elle est reliée d'emblée aux informations d'ordre politique, social, scientifique, culturel ou sportif et elle est utilisée pour annoncer la plupart des événements importants. De ce fait, elle est devenue une activité de premier plan dans les différentes stratégies mises sur pied pour diffuser une idée, un service ou un produit. La conférence de presse est « la forme supérieure de la communication avec le public », affirme Lougovoy (1974, p. 86).

Toute organisation doit maintenir des contacts étroits avec son public cible. La conférence de presse permet de rejoindre l'ensemble des médias en même temps et, de ce fait, l'ensemble de la population. De plus, cette technique n'exige que peu de dépenses puisqu'il appartient aux journalistes et aux médias de diffuser l'information.

Nous avons intitulé ce livre : *La conférence de presse ou l'art de faire parler les autres* parce que cette technique a recours à un ensemble de relais qui tour à tour vont s'exprimer sur un sujet donné. Le processus commence dans une organisation quand quelqu'un, un directeur de communication, un vice-président ou un président par exemple, propose de tenir une conférence de presse pour annoncer une nouvelle. Si le projet est retenu, c'est au président ou au porte-parole officiel qu'il appartiendra de parler au nom de l'organisation : celui-ci répétera donc les propos recueillis auprès de ses collaborateurs.

À leur tour, les journalistes parleront de l'objet de la conférence de presse. En fait, la conférence de presse a toujours pour but de transmettre une nouvelle aux gens des médias pour que ceux-ci la rediffusent à leur public.

Puis, finalement, les commentateurs et éditorialistes reprendront le sujet qui sera alors l'objet d'émissions d'affaires publiques et pourra alimenter des discussions jusqu'au cœur même des familles...

L'information se trouve reprise, reformulée et, comme un écho qui épouse les formes du relief de l'environnement, la nouvelle se module en tenant compte de ceux qui la retransmettent. Ou alors elle est bêtement répétée sans discernement comme le font les perroquets avec ce qu'ils entendent. Ce qui faisait dire à Jean-François Kahn (1979) qu'il fallait que les journalistes soient « autre chose que la cassette enregistreuse des gros bonnets de la politique et du syndicalisme ».

La conférence de presse est sans nulle doute l'une des manifestations les plus tangibles de la démocratie. Pouvoir interroger, contester ou demander des explications à ceux qui prennent la parole publiquement est une façon transparente d'aborder les problèmes de l'heure. « La conférence de presse est devenue une sorte d'institution, un forum presque constamment ouvert, où se discutent les affaires publiques. (...) Telle qu'elle se présente actuellement, (elle) souligne la prise de conscience par les dirigeants, de l'importance de l'opinion publique d'une part et d'autre part, du pouvoir exercé sur elle par les moyens de communication à portée collective » (Dumont-Frénette, 1980, p. 69).

Quant aux organisations qui acceptent le débat public, elles contribuent à donner d'elles-mêmes une image ouverte. Ce faisant, elles cherchent à créer, entre elles et leurs publics, un climat de sympathie.

La description de cette technique permettra au lecteur de comprendre son fonctionnement. L'ouvrage présente d'abord les principaux éléments qui illustrent la complexité de cette technique. Puis il explique toute la dynamique qui entoure la préparation d'une conférence de presse, son déroulement et les suivis à lui donner. On y expose enfin les avantages qu'elle procure à tous les partenaires sociaux. Cette analyse aidera à mieux comprendre les rouages de la conférence de presse et surtout à utiliser cette technique d'une façon adéquate pour qu'elle soit vraiment efficace à l'organisation qui y a recours.

1

REMARQUES PRÉLIMINAIRES
SUR CETTE TECHNIQUE

L'origine de la conférence de presse se confond avec le développement de la grande presse qui devint rapidement le lieu de rencontre et de confrontation des organisations concurrentes dans tous les secteurs d'activité. Mais en même temps que cette presse était convoitée par le monde des affaires et de la politique, qui exerçaient sur elle un certain contrôle, la lutte que se livraient les divers journaux pour obtenir l'attention du lecteur favorisa les nouvelles à controverse. Dès lors, chaque groupe social apprit à créer un discours et une présence publique pour affirmer ses orientations ou ses doléances. Mais en même temps, les entreprises et les corps publics ont dû se prémunir des attaques qui leur étaient portées et petit à petit ont été amenés à défendre les thèses, opinions et attitudes qu'ils adoptaient. La conférence de presse était un outil désigné pour faire connaître ces différents discours.

1.1 La complexité de son organisation

La conférence de presse est une technique qui suit des règles précises et « chaque détail de son organisation est de nature à en assurer le succès ou la vouer à l'échec » (Doin et Lamarre, 1986, p. 128). « Elle est régie, ajoute Dumont-Frénette (1980, p. 69), par des lois non écrites, que connaissent les gens du métier, elle suit une sorte de rituel qui en assure l'efficacité ».

Ce sont ces règles qui seront exposées dans ces pages. Car tout en étant une des techniques les plus courantes en communication, il n'est pas facile, au premier abord, de saisir la complexité et les difficultés d'organisation qu'elle exige.

On ne peut, du jour au lendemain, monter une conférence de presse sans maîtriser un minimum d'éléments essentiels. Si le communiqué repose sur l'art d'écrire, la conférence de presse doit s'appuyer sur une sérieuse organisation. C'est en quelque sorte une mise en scène de l'information.

« Tous ont l'impression d'être des experts en communication mais tous commettent l'irréparable erreur d'improviser leur approche dans la livraison de leur message. Les résultats sont dès lors voués à la médiocrité. Avoir le sens de la communication est une chose et en connaître les techniques, en est une autre », précise la fiche méthodologique sur les relations de presse de Communication-Québec (Communication-Québec, s.d., p. 11).

La conférence de presse doit être soigneusement préparée si l'on veut que l'information soit diffusée au maximum. Une conférence mal préparée ou ne portant pas vraiment sur un sujet intéressant risque de discréditer les organisateurs, voire l'entreprise, auprès des journalistes.

Le rythme auquel se succèdent les conférences de presse et la qualité inégale de leur organisation dénotent un manque de connaissances adéquates de cette technique chez certains de leurs utilisateurs. Par ailleurs, le spectacle des conférences de presse que présente la télévision ne laisse deviner aucune des difficultés que comprend la préparation de cet événement.

1.2 Un contenu d'intérêt public

Le but d'une conférence de presse est de diffuser une information « d'intérêt général ou être de portée très large » (*Les Affaires*, 1982, p. 15). Or, il n'y a pas de règles écrites pour déterminer ce qui est digne d'une conférence de presse. Et à y regarder de près, tout peut faire l'objet d'un conférence de presse, si l'on se plie à certaines règles non écrites, mais connues des communicateurs comme des journalistes.

Signalant qu'une conférence de presse est toujours en concurrence directe avec d'autres conférences et événements pour attirer l'attention des médias, Saucier (1991, p. 62) précise : « Pour que la vôtre réussisse à obtenir la présence des journalistes, il vous faut un sujet important ou un conférencier prestigieux ».

Dans certains cas la *thématique* même de la nouvelle s'impose. Une fusion d'entreprise, le déclenchement d'une élection, la production d'un film sont des éléments qui font en soi la nouvelle.

En d'autres circonstances, c'est la *personnalité* en cause qui constitue la nouvelle. Un artiste connu peut prendre position sur un sujet d'actualité par exemple. Sa position peut être banale en soi, mais sa personnalité donne une dimension intéressante à sa déclaration.

Le *contexte* peut justifier la tenue d'une conférence. L'actualité met en scène des individus qui du jour au lendemain deviennent des figures médiatiques. Toute controverse anime de telles nouvelles. Pour Hilton (1987, p. 26) : « News talk about change, about the things that upset the status quo. The more people you want to rattle by your proposal, the more likely it is that you will get air time to speak your piece. And if your idea is quirky, like the tongue-in-cheek campaign to put underwear on naked farm animals, they'll be clamoring for you to appear ».

Une mauvaise nouvelle peut aussi faire l'objet d'une conférence de presse. C'est le cas des fermetures d'usine, des accusations portées contre un individu ou une entreprise...

Lorsque le contexte exige une conférence de presse, il arrive parfois que le contenu puisse être très secondaire. C'est ainsi que lors d'une crise on pourra tenir une conférence de presse pour faire savoir qu'il n'y a rien de nouveau à dire.

La *façon* de présenter les éléments peut donner à l'événement une dimension spectaculaire. Hilton (1987, p. 71) cite le cas d'un comité de parents qui exigeait la rénovation d'une école vétuste alors qu'un autre groupe s'opposait farouchement à toute augmentation de taxes. Un tel débat présentait deux visions différentes de la vie communautaire : le besoin de construire et l'exaspération de payer. Selon Hilton, il suffisait de montrer qu'un enfant de huit ans pouvait desceller une brique de l'école avec ses doigts pour susciter la sympathie des médias et donner de la force à la thèse du comité d'école. Après avoir réussi à diffuser une telle image à la télévision, il devenait plus facile de participer à des émissions d'affaires publiques pour dénoncer l'insécurité des bâtiments scolaires.

La nouvelle en soi ne suffit pas toujours. Elle doit être présentée de façon dynamique, valorisée, dramatisée ou inédite.

Enfin, la *routine médiatique* privilégie certains types de nouvelles. Certains événements pourtant banalisés par leur exploitation conti-nuelle, comme les morts dans un conflit ou les accidents de la route, reviennent à chaque semaine comme une véritable routine, sans toute-fois perdre leur dimension nouvelle.

Mais ceci ne veut pas dire qu'on peut tenir une conférence de presse au gré de sa fantaisie. Convoquer la presse chaque fois qu'une organisation détient une information qu'elle juge intéressante est devenu une sorte de réflexe conditionné pour trop de chefs d'entre-prise, d'hommes politiques, de présidents d'organismes et même chez certains communicateurs professionnels qui en ont connu les bienfaits. Or, la nouvelle n'en justifie pas toujours la tenue.

Il arrive certes que des organisations convoquent des conférences de presse là où les journalistes n'y voient que déplacement inutile. Reilly (1981, p. 145) rappelle que certains journalistes croient que neuf confé-rences sur dix sont inutiles. Pour les organisations, l'importance perçue de la nouvelle mérite la tenue de l'événement médiatique. Pour les seconds, un communiqué aurait suffi. Toute organisation doit donc justifier par des arguments bien sentis les raisons qui l'ont poussée à convoquer les journalistes.

Une organisation doit aussi savoir que les médias ont tendance à accorder aux nouvelles issues des conférences de presse une importance plus grande qu'aux communiqués. Car la conférence de presse est en soi un événement médiatique. Il donne à la nouvelle diffusée une impor-tance particulière que le communiqué ne peut, à lui seul, obtenir.

Si la conférence de presse est requise lorsque l'information est de toute première importance et mérite plus que l'utilisation d'un com-muniqué, ce n'est pas un absolu. Toute nouvelle peut se réduire à un communiqué. La preuve en est que le communiqué est une des pièces majeures d'une conférence de presse. Ce n'est pas uniquement la nouvelle elle-même qui fait la différence entre un communiqué et la conférence de presse, mais bien l'impact qu'on veut donner à la nouvelle et la nécessité de permettre aux journalistes d'avoir accès à de plus amples informations.

Ainsi en certaines circonstances, si la nouvelle est importante, mais délicate, et si la conférence risque de faire dévier le débat sur un terrain peu favorable à l'organisation, il sera préférable d'expédier un communiqué plutôt que d'affronter les journalistes.

Il découle de ces éléments qu'il n'est pas évident de tracer les lignes rigides qui prévalent dans la décision de tenir une conférence de presse.

Tout repose donc sur la valeur de la nouvelle présentée aux journalistes et de son poids en matière d'information. La force de cette nouvelle réside dans les conséquences qu'elle peut avoir sur la vie de tous les jours des citoyens (Hilton, 1987, p. 71), en gardant présent à l'esprit que le citoyen a aussi besoin d'imaginaire et de rêve pour vivre.

Peut-on consulter un ami journaliste sur la pertinence de convoquer une conférence de presse ? C'est une avenue possible mais délicate. Le journaliste consulté livrera certes son point de vue mais sera-t-il partagé par l'ensemble de ses collègues ? De plus, en privilégiant ainsi un journaliste, en lui donnant à l'avance les grandes lignes de la conférence de presse, respectera-t-il la confidence de la démarche ou voudra-t-il faire son travail de journaliste ? En fait, un journaliste n'est pas un consultant en relations publiques. S'il peut juger de la qualité d'une nouvelle intéressante lorsqu'elle existe, il est moins habilité à savoir comment et quand mettre en scène une information.

Apprendre à cerner cette réalité et à présenter aux journalistes une nouvelle qui satisfera la curiosité ou le désir de connaissance de leurs lecteurs/auditeurs/spectateurs devient une nécessité pour le communicateur. « Rien n'a en effet plus de valeur pour un chargé de relations publiques que d'être considéré par la presse comme un bon juge de ce qui est intéressant comme nouvelle » (Van Bol, Ugueux 1983, p. 165).

Il arrive par ailleurs qu'organisations et communicateurs oublient les règles tacites qui doivent présider à toute convocation de presse.

Les journalistes se font alors un devoir de rappeler aux organisations qu'ils n'apprécient guère ces conférences sans contenu nouveau. Si les grandes organisations peuvent se permettre quelques bavures car leur prestige peut faire oublier la banalité de la conférence, il n'en est pas de même de leurs communicateurs qui ont vite fait d'avoir mauvaise réputation auprès des médias. Pour les organisations plus petites, ces situations risquent de faire fuir les journalistes pour longtemps.

Dans leur étude sur l'annonce du projet de l'usine Laterrière d'Alcan, au Saguenay, Le Hir et Lemieux (1991, p. 98) ont démontré que, lorsque la conférence de presse a été convoquée, la nouvelle était déjà connue. « Mais il n'empêche que l'annonce ... était d'abord pré-texte à une cérémonie protocolaire, à un événement médiatique... tous les éléments du dossier étaient déjà connus des médias depuis près d'un mois ; on avait même « annoncé l'annonce » avec de gros titres une dizaine de jours avant l'événement ».

1.3 La spécificité de cette technique

La conférence de presse constitue un événement créé pour attirer l'attention des médias. Si l'utilisation des communiqués dépend d'aléas de diffusion divers, toute conférence de presse à laquelle se sont rendus des journalistes donne presque nécessairement une couverture média. En effet, lorsqu'un média décide de couvrir une conférence de presse, presque automatiquement il réservera à cette activité de l'espace/temps pour la diffusion de la nouvelle.

La conférence de presse trouve son expression optimale lorsque son objet nécessite des explications verbales, une démonstration quelconque ou une dimension vécue que le communiqué par exemple ne peut livrer. Il existe toutefois quelques exceptions à cette règle générale qui seront explicitées plus loin.

Elle permet de donner de l'information étendue sur un événement, un produit, un problème, une idée. Le journaliste peut tirer d'une telle rencontre des éléments visuels ou sonores qui donnent vie à la nouvelle. Par ailleurs, si l'information est trop abondante, elle peut en même temps semer la confusion dans la tête du journaliste.

La conférence de presse doit permettre à l'organisation qui l'orchestre de faire connaître son message sous un jour favorable de façon à obtenir la meilleure couverture média possible. Il faut garder présent à l'esprit que toute conférence de presse cherche à faire adopter par l'opinion publique les points de vue et les politiques de l'organisation. Elle se déroule toujours en vue de convaincre ou de séduire.

Une organisation peut aussi acheter de l'espace ou du temps d'antenne pour atteindre ses publics, c'est-à-dire avoir recours à la publicité, mais cette façon de procéder est coûteuse. De plus les informations émises par un journaliste ont une plus grande crédibilité auprès du public qu'une publicité payée, surtout s'il s'agit d'idées.

La rencontre directe des journalistes avec la haute direction d'une organisation favorise le développement entre eux de liens plus étroits, parfois même familiers. Elle simplifie le travail de l'organisation qui peut rencontrer en même temps tous les représentants des médias plutôt que de les solliciter un à un.

Elle doit aussi faciliter la tâche des journalistes dans la cueillette d'informations utiles et intéressantes pour leur public. Elle se présente comme un dialogue qui permet un échange d'informations entre une organisation et les médias. Les journalistes profitent de cette circonstance pour apprendre à mieux connaître l'organisation et à approfondir le sujet qui leur est proposé et pour trouver à travers les déclarations qu'ils entendent et les questions qu'ils posent, le véritable intérêt public.

Pour retirer tous les bénéfices de cette technique et l'utiliser de façon adéquate, il faut donc user de stratégie, bien connaître les contraintes des médias, savoir s'adapter au mode de travail des journalistes et retenir que l'objectif précis d'une conférence de presse, c'est de s'assurer que l'information annoncée obtienne la plus large diffusion possible dans le plus grand nombre de médias, de façon qu'elle soit transmise à un maximum de personnes tout en conservant un caractère favorable à l'organisation qui l'émet.

Le but premier d'une conférence de presse est donc d'obtenir une large couverture de presse sans donner toutefois l'impression de rechercher uniquement des espaces gratuits. Rival (1961, p. 77) rappelle que « la presse est lasse des manifestations qui n'ont d'autre objectif que la publicité personnelle de celui qui les fait organiser, de celles qui visent à obtenir des « insertions gracieuses », qu'elle estime à juste titre relever des régies publicitaires ».

Par ailleurs, convoquer une conférence de presse sans annoncer de nouvelles, et attendre que les journalistes posent des questions, risque d'indisposer ceux-ci. Ils se demanderont pourquoi ils ont été convoqués si l'organisation n'avait rien à leur dire.

1.4 La fréquence de son utilisation

En principe, une conférence de presse est un outil de travail qu'une organisation doit utiliser parcimonieusement et avec précaution. Il n'y a toutefois pas de règle de fréquence d'utilisation. Si une organisation possède des informations importantes et intéressantes à faire connaître, les médias seront toujours prêts à venir les entendre.

Pour la majorité des organisations, les conférences constituent une occasion unique et extrêmement rare de rencontrer la presse. Il arrive toutefois des circonstances où les conférences de presse doivent être programmées de façon plus systématique.

Un ministre, dans un dossier nécessitant de longues consultations, peut en tenir une tous les mois pour dresser le bilan des rencontres et les avenues qu'elles suscitent.

Un premier ministre, pour faire le point sur le suivi des dossiers chauds de l'actualité et sur les dernières décisions importantes prises, peut profiter de chaque conseil des ministres pour rencontrer la presse.

Dans certaines circonstances, des organisations ont intérêt à en tenir une tous les jours. Pendant les Jeux olympiques, il y a une rencontre de presse quotidienne pour faire le point sur les activités de la veille. Lors d'une catastrophe, d'une rencontre au sommet, il peut y avoir une ou plusieurs rencontres quotidiennes avec les médias pour les tenir au courant du déroulement des activités.

Retenons toutefois le principe qu'une organisation doit limiter la fréquence de ses conférences de presse et les réserver aux nouvelles importantes ou d'envergure. L'abus des conférences non justifiées peut provoquer un effet négatif : ou les journalistes ne se déplaceront plus, ou ils adopteront une attitude négative face aux pseudo-informations qui leur sont livrées.

La journaliste Paule Des Rivières (1995) signalait son agacement devant la profusion de conférences de presse inutiles de « ... la Société Radio-Canada qui organise des lancements de presse pour tout et pour rien, souvent pour rien, pour parler et reparler d'émissions déjà décrites en long et en large au lancement principal de programmation ». Indisposée par ces conférences inutiles à ses yeux, elle ne manqua pas de lancer quelques flèches à la rétention de l'information que pratiquait un représentant de la Société d'État et aux prouesses discutables que s'attribuait un autre.

Dumont-Frénette (1980, p. 71) précise que : « La fréquence des conférences de presse varie selon la qualité et l'importance des institutions. Le critère de base, c'est la nouvelle : on n'invite pas les journalistes pour leur faire la conversation. Certaines entreprises majeures ne convoquent la presse que très rarement, alors que d'autres dont l'activité est plus diversifiée, les projets plus souvent renouvelés, ont recours à ce mode de communication plus d'une fois par année. Il peut se passer des mois, voire des années, sans qu'une seule conférence de presse ne soit provoquée dans les municipalités de moindre importance, alors qu'on ne compte plus celles qui se tiennent chaque mois dans les grandes capitales et métropoles ».

Certains relationnistes préfèrent utiliser cette technique une seule fois l'an pour présenter un rapport public des activités de leur organisation durant l'année écoulée ou pour annoncer une série de projets ou d'objectifs à réaliser durant l'année à venir.

En fait, l'expérience et l'observation de ce qui se fait ailleurs constituent un excellent point de repère. Par ailleurs, les spécialistes de la communication représentent généralement des conseillers très utiles pour évaluer la décision de tenir ou non une conférence de presse.

Il n'y a pas de nécessité en soi, pour une organisation, de tenir des conférences de presse. Toutefois, aucune organisation ne peut vivre renfermée sur elle-même. Elle doit nécessairement communiquer avec son milieu. Or, ne pas utiliser la puissance de diffusion qu'offre la conférence de presse, c'est se priver d'un atout précieux.

1.5 La peur des journalistes

Il existe chez certains dirigeants une peur maladive des médias. Nombre d'acteurs sociaux ont subi, en certaines occasions de leur carrière, l'inconfortable situation de constater qu'à leur insu leurs propos ont été diffusés dans les médias, rejoignant ainsi des milliers de personnes, alors qu'ils n'avaient fait qu'une remarque en tête à tête avec un journaliste ou avec un partenaire qui l'a répétée. Ou encore, quelle déception de ne trouver dans les médias qu'une partie des propos tenus et qui sont habituellement ceux qui dénoncent plutôt que ceux qui approuvent l'objet de la discussion parce que le journaliste a décidé de ne retenir que la partie controversée de la conversation.

Aussi justifiées que puissent être les raisons profondes de méfiance, elles sont très rarement attribuables au métier même de journaliste. La tâche des journalistes ne consiste pas à essayer de plaire aux organisations et à leurs dirigeants. Et ceux-là n'hésiteront pas à leur déplaire si leur comportement le nécessite.

Quelles que soient les expériences heureuses ou malheureuses qui ont pu marquer les relations d'une organisation avec les médias, quelques règles de base doivent être retenues.

1) Ne jamais fuir les journalistes. Ceux-ci exercent une fonction socio-politique essentielle. En les fuyant, vous vous rendez coupables à leurs yeux d'un crime de lèse-information. Sans vouloir discuter ici de la façon dont certains journalistes gèrent le principe du droit du public à l'information, ce droit est essentiel dans le type d'économie et de démocratie que pratiquent les pays développés.

S'il arrive que certaines informations ne peuvent être livrées aux médias sans risquer de mettre en péril certains projets en cours, mieux vaut alors afficher un « sans commentaire » que de fuir.

2) Ne jamais mentir. Croire que les journalistes vont accepter n'importe quel type d'explications parce qu'elles viennent d'une autorité imbue de son pouvoir est un leurre. Il faut savoir donner l'heure juste, respecter le travail que font honnêtement les journalistes tout en ne se laissant pas impressionner par les quelques rares « cow-boys » qui vont pousser n'importe qui jusqu'à ses derniers retranchements pour obtenir une information souvent juteuse, mais sans véritable intérêt public.

3) Bien connaître le métier de journaliste. Lorsque des dirigeants d'organisation rencontrent des journalistes, ils s'amènent sur le terrain de ceux-ci. Croire l'inverse est une erreur. De ce fait, il faut garder présent à l'esprit certains principes élémentaires. D'abord, tout propos échangé avec un journaliste constitue matière à nouvelle. Si l'interviewé ne veut pas qu'une information circule, il suffit de ne pas en parler. Si les acteurs sociaux sont incapables de doser ce qu'ils ont à dire, ils ne peuvent en vouloir aux journalistes de répéter ce qu'ils ont entendu.

Ensuite, il appartient au journaliste de rédiger la nouvelle à partir des informations qu'il aura reçues. Une conférence de presse d'une heure sera réduite, dans les bulletins de la radio et de la télévision, à quelque 30 ou 40 secondes. Il est évident que seul sera diffusé ce qui constitue une nouvelle pour le journaliste. Et une nouvelle, c'est le spectaculaire, la controverse, ou l'attrait de la personnalité (Dagenais, 1990).

Lorsqu'un journaliste interviewe quelqu'un, il ne s'engage pas à retranscrire mot à mot les propos qui lui ont été livrés. Il doit au contraire les réduire à l'espace/temps qui lui est imparti. Ceci est la règle du jeu. Mais ce n'est pas une raison pour fuir les journalistes et se priver ainsi d'un outil de diffusion important.

Par ailleurs, il est des circonstances où la discrétion, sinon le silence, est de rigueur. Une nouvelle délicate peut causer des préjudices à l'organisation si elle est diffusée à un moment inopportun. Ainsi, plusieurs décisions ont été annulées à la suite d'une indiscrétion d'un partenaire trop pressé d'annoncer la bonne nouvelle que se réservait une tierce partie. La conférence de presse est une arme à deux tranchants dont l'utilisation doit être faite avec beaucoup de prudence.

1.6 Une activité pour les journalistes

La conférence de presse est d'abord et avant tout une activité pour les journalistes et pour eux seuls. C'est à leur intention propre que toutes les démarches sont entreprises. Ils serviront ensuite de relais auprès du grand public en diffusant les informations reçues au cours de la conférence. « Les médias sont le véhicule par excellence pour diffuser votre message parce qu'ils sont partout, tout le temps ; qu'ils ont énormément d'impact et qu'ils ont un effet multiplicateur » (Fédération des Commissions scolaires du Québec, 1988, p. 47).

L'objectif recherché est d'atteindre le plus grand nombre de journalistes de tous les horizons en même temps : grands médias de masse comme médias spécialisés ou médias communautaires ; presse écrite ou électronique ; lettres confidentielles comme agences de presse.

La conférence de presse n'est ni une réception ni une rencontre sociale où les amis et employés d'une organisation sont conviés. C'est une manifestation réservée aux journalistes. Il arrive certes qu'on profite d'un lancement, d'une inauguration, d'une rencontre particulière pour convoquer en même temps les journalistes. Dans ce cas, les journalistes sont invités à un lancement. S'il y a en même temps une conférence de presse, elle se déroulera dans un local autre que celui de la réception.

La connaissance des médias

Parce qu'il s'agit d'une activité pour les médias, il importe de bien connaître les médias de la ville, de la région, de l'État et les agences nationales et internationales pour pouvoir inviter les canaux de diffusion les plus appropriés à la nouvelle que l'organisation désire diffuser.

Quels médias et quels journalistes ont le plus d'influence auprès du groupe cible que l'organisation veut rejoindre ? Chacun peut connaître cette précision par « intuition ». Ainsi tout le monde croit savoir que *Le Devoir*, dont le tirage s'élève à quelque 30 000 exemplaires, est davantage lu par les intellectuels que le *Journal de Montréal*, qui tire à plus de 300 000 exemplaires. Pourtant, le nombre absolu de lecteurs du *Journal de Montréal* ayant un haut niveau de scolarité dépasse celui du *Devoir*.

Il y a des façons scientifiques de connaître ces données. Chaque famille de médias, en collaboration avec les agences de publicité et certains annonceurs, poursuit régulièrement des études et enquêtes pour connaître le profil de ses lecteurs ou auditeurs/spectateurs. Ces données servent à dresser les plans de publicité et à déterminer le prix des espaces publicitaires. Le relationniste qui veut rejoindre de façon plus précise sa clientèle cible pourrait tout aussi bien en tirer parti. Il lui faudra toutefois avoir recours à une agence-conseil pour avoir accès à l'ensemble des données disponibles.

La connaissance des journalistes

« ... les journalistes qui participent à une conférence de presse cherchent à rendre compte à la population de ce qu'ils ont entendu, lu et vu. La plupart d'entre eux ne seront pas familiers ni à votre entreprise, ni au sujet de la conférence. Ils seront heureux d'être accueillis par un relationniste qui les aidera à mieux comprendre le sujet de la conférence, principalement si elle est d'ordre technique » (Laliberté, 1981, p. 100).

En d'autres circonstances, les journalistes sont très au fait du dossier puisqu'ils le suivent depuis des mois et certains, des années même. Dans ces cas, le rôle du relationniste qui aura su établir des liens de sympathie avec eux consistera à leur fournir tous les compléments d'information dont ils ont besoin pour couvrir l'événement de façon adéquate.

Le relationniste qui aura appris à nouer des liens d'amitié avec les journalistes avec lesquels il sera appelé à travailler le plus fréquemment pourra donc plus facilement les guider dans la compréhension des enjeux de son organisation. Il devra se souvenir que les journalistes veulent habituellement avoir l'information, toute l'information, et surtout, avant les autres ; qu'ils n'aiment pas avoir l'impression de perdre leur temps ; qu'ils s'attendent à recevoir des documents de synthèse et d'appui ; et enfin, s'ils ne réussissent pas à obtenir des informations privilégiées, qu'ils souhaitent être traités tous sur le même pied.

Ce qu'ils désirent, sans toutefois le crier sur les toits, c'est qu'on facilite leur travail en leur présentant un sujet d'un intérêt suffisant pour être publié, une photo originale, une scène animée pour la télévision, une personnalité qui sait répondre aux questions et une documentation adéquate contenant les renseignements essentiels.

Les habitudes de travail du journaliste

Delmer Dunn (1969) a énuméré certaines habitudes de travail des journalistes qui expliquent pourquoi certains événements reçoivent une moins bonne couverture de presse.

La complexité de l'événement

Si le journaliste doit consacrer après la conférence de presse des heures à essayer de démêler les informations qu'il a reçues et s'il doit, en plus, obtenir des informations supplémentaires pour donner à son reportage toute l'exactitude voulue, il y a de fortes chances que le manque de temps l'oblige à traiter superficiellement l'événement. Et ce, d'autant plus qu'il est près de son heure de tombée.

La simplification des faits

L'information est une denrée périssable. Le journaliste doit travailler vite. Il importe donc de lui fournir tous les outils de façon qu'il puisse saisir rapidement la nouvelle. L'étude de Rivet et Gilbert (1969) sur la couverture de presse du 24ᵉ congrès du département des Relations industrielles consacré à l'information dans les relations industrielles a révélé que les journalistes privilégient la personnalité du conférencier et surtout celui qui s'est donné la peine de préparer un texte écrit.

La facilité de couvrir l'événement

Si la manifestation se déroule à l'extérieur du centre-ville et que le journaliste doit, à l'heure de pointe, consacrer du temps au trajet aller et retour et à la recherche de l'endroit, il y a de bonnes chances qu'à importance égale il choisisse une autre activité qui exigera de lui un investissement moindre en temps.

L'intérêt personnel du journaliste

Si l'objet d'un événement couvert par un journaliste concerne sa spécialité ou recoupe ses centres d'intérêt, il sera en mesure de mieux saisir toutes les nuances du sujet et d'accorder plus de profondeur à son reportage.

La relation avec les sources

Le communicateur qui a réussi à s'imposer par son sérieux auprès des journalistes et à gagner leur confiance aura moins de difficulté à les convaincre de se déplacer pour couvrir une de ses activités. Les liens qu'un relationniste entretient avec les journalistes sont primordiaux. Car la majorité des actions qu'un relationniste entreprend pour rejoindre son public n'ont d'existence que par les médias. Ce sont eux qui diffusent les communiqués, qui couvrent les conférences de presse. Une presse hostile rend impossible la tâche du relationniste. Des liens amicaux facilitent la bonne compréhension entre médias et entreprises.

◆ *Le mimétisme*

Les médias ont tendance à couvrir en même temps les mêmes événements. Et un bon journaliste ne peut se permettre d'être doublé par un collègue d'un autre média sur un thème d'actualité. Sinon, il se fera montrer du doigt pour ne pas avoir couvert une activité que l'on trouve dans tous les autres médias. C'est ce que Guilhaume (1991) appelle le complexe de Poulidor. De ce fait, les journalistes ont tendance à couvrir les conférences jugées essentielles. La conférence doit être présentée de façon telle qu'elle oblige les journalistes à la couvrir. Le choix du thème et des invités va donc, dans ce sens, avoir une grande importance. Et la connaissance de tous ces éléments permet de mieux préparer ses interventions auprès des journalistes.

L'attitude des journalistes

Certains constats sur l'attitude des journalistes doivent être présents en mémoire lorsqu'une conférence de presse est organisée. D'abord, la réponse positive d'un journaliste ou d'un média pour venir couvrir une conférence de presse ne présume en rien de sa présence. D'une part, les journalistes sont très sollicités et répondent habituellement qu'ils vont essayer d'être présents aux différentes convocations qu'ils reçoivent. Ce n'est que la journée même de l'engagement que la décision sera prise en regard des différentes manifestations qui se déroulent en même temps. D'autre part, le journaliste qui signifie trop rapidement son désintérêt lors d'une sollicitation sait qu'il sera soumis à une pression supplémentaire de la part de l'organisateur de la conférence de presse. De ce fait, pour éviter d'investir du temps à justifier son refus, il aura tendance à se montrer réceptif au téléphone à toute sollicitation. Par ailleurs, il y a toujours des journalistes qui ne s'étaient pas annoncés et qui se présentent aux conférences de presse. À ce propos Hilton (1987, p. 120) rappelle que :

— Plusieurs journalistes ayant promis d'être présents ne viendront pas, et ce, même parmi les plus importants médias. En confirmant sa présence, un journaliste ne s'engage à rien.

— Parmi ceux qui viennent, certains seront en retard. Et d'autres partiront tôt.

— Les équipes de télévision et les photographes vont se promener partout pendant la conférence sans gêne ni retenue.

— L'allure générale des journalistes cadre parfois mal avec la tenue des membres des conseils d'administration : les journalistes sont d'allure plutôt « décontractée ».

Un journaliste présent à une conférence de presse ne s'engage pas nécessairement à produire une nouvelle. Et s'il le fait, celle-ci ne sera pas obligatoirement positive.

En fait pour les journalistes, les conférences de presse sont une routine à laquelle ils participent tous les jours et parfois quelques fois par jour ; alors que, pour une organisation, c'est un événement très particulier.

1.7 Le cabinet-conseil

Tout le monde peut organiser une conférence de presse s'il apprend à suivre les règles de base de cette technique. Mais comment les apprendre ? Bien sûr, par un livre comme celui-ci. Mais surtout par l'expérience.

Une conférence de presse peut s'improviser. Mais les résultats qu'elle livrera seront ceux d'une improvisation. L'image d'une organisation est trop importante pour la laisser au hasard. Une simple question d'un journaliste peut causer un tort énorme à une organisation. Et il ne s'agit pas ici de questions piégées. Les journalistes ne posent pas de questions piégées en soi. Elles le deviennent quand le porte-parole d'une organisation ne sait pas comment répondre à une question.

Une conférence de presse doit se préparer minutieusement. Si aucun membre du personnel n'a jamais organisé un tel événement, on peut faire appel à une personne d'expérience d'une organisation amie, ou avoir recours à un cabinet-conseil en communicaton. Il faut alors s'assurer qu'un membre de l'organisation suivra de façon attentive toutes les étapes de préparation pour être capable un jour de voler de ses propres ailes.

Dans les circonstances où, dans une organisation, personne ne possède l'habilité à accomplir cette tâche, il ne faut surtout pas la confier à un volontaire. Qui confierait sa déclaration fiscale à un amateur qui n'en a jamais fait ? Qui engagerait un menuisier sans expérience pour refaire une pièce de sa maison ?

Quand on connaît bien un secteur d'activité, on sait qu'à l'intérieur même de cette activité il y a des individus qui sont plus habiles à résoudre certains aspects de la question. Et d'autres à qui on ne confierait jamais sa destinée. Une conférence de presse a pour but de faire connaître au public une nouvelle importante. On ne peut pas laisser le soin d'organiser une telle manifestation au premier venu.

Lorsque la conférence de presse se situe à l'extérieur de la ville où évolue l'organisation, Saucier (1991, p. 62) recommande le recours à un spécialiste qui connaît bien le monde des médias où doit se tenir la conférence. Ce spécialiste peut être un consultant qui sera rémunéré ou un professionnel sympathisant à la cause projetée qui prêtera bénévolement son expertise.

Les cabinets-conseils en communication savent tous organiser des conférences de presse. Ce qui peut faire la différence entre un cabinet et un autre, ce sont les années d'expérience de leurs professionnels dans l'organisation de ce genre d'activités. Et selon cette indication, les frais d'exploitation...

Les coûts de tels services doivent être arrêtés dans un contrat dûment signé avant le début de l'événement. Le budget disponible déterminera le choix du cabinet, les tâches à réaliser et le temps à consacrer à chaque tâche. Sans une telle planification budgétaire préalable, la réception de la facture peut causer une certaine surprise.

Il est préférable de demander à une firme de tracer la voie, lorsque c'est la première fois qu'une telle activité est organisée. À partir d'un contrat, elle peut gérer une première manifestation, s'occuper de toutes les questions techniques, rédiger les messages et suivre le déroulement de la conférence de presse.

Cependant, le cabinet-conseil ne connaît souvent pas l'organisation, le produit, le service ou la cause à diffuser. Pour cet apprentissage, il faut accepter d'investir le temps requis et de soutenir le cabinet-conseil dans ses recherches.

Clark (1986) met toutefois en garde contre les pratiques de certaines firmes. Elle signale qu'il arrive parfois que celles-ci s'associent et se fondent tellement bien avec l'organisation de leur client qu'elles en oublient dans leurs relations avec les médias de donner toutes les coordonnées du client, alors que les leurs sont bien présentes, et obligent le journaliste, qui veut obtenir d'autres détails au moment d'écrire son article ou son topo, à passer obligatoirement par elles.

1.8 La puissance des médias

On présente parfois la conférence de presse comme un spectacle pour un public spécialisé et averti. Son organisation doit être menée avec le souci du moindre détail. Les journalistes sont habitués à cette activité et s'attendent à ce que la routine qu'ils connaissent bien s'accomplisse sans bavure.

Alors qu'on peut avoir l'impression que les entreprises et les organisations, par toute cette mise en scène, embrigadent les journalistes et essayent de dresser un décor et de fabriquer un discours pour mieux les séduire, on se rend compte que c'est l'inverse qui se produit.

Les médias occupent, en effet, dans nos sociétés une puissance extraordinaire. Ce sont eux qui créent le succès ou l'infortune politique des élus. Le scandale du Watergate et le rôle de la presse dans la carrière politique de Gary Hart aux États-Unis, par exemple, illustrent bien cette force.

Sur le plan économique, dans les années 80, le sort malheureux qu'ont connu les Caisses d'Entraide économique à la suite de la publication d'une série d'articles sur leur rentabilité témoigne des répercussions qu'entraîne une couverture de presse négative.

Sur le plan social, on constate la force de pression qu'a pu avoir une page de publicité dans le *New York Times* contre le projet de développement hydroélectrique à Grande Baleine.

À cause de ce pouvoir extraordinaire, les organisations doivent, pour survivre, s'adapter aux exigences des journalistes et des médias. Le journaliste choisit les éléments de la nouvelle et le ton de sa présentation. Ce sont les médias qui imposent ce qu'on appelle la routine journalistique où l'heure de tombée est parfois aussi importante que le contenu de la nouvelle elle-même.

Les entreprises et organisations doivent donc se préparer à une conférence de presse de façon impeccable. Car d'une mauvaise préparation peut résulter une mauvaise impression ; et d'une mauvaise impression, peut découler une couverture de presse négative.

La mise en scène de l'information que nous allons décrire constitue autant, sinon davantage, une réponse pour l'entreprise aux exigences du métier de journaliste qu'une tentative de séduction et de persuasion.

L'image d'une organisation constitue un atout précieux dans sa réussite. Cette image est fragile (Dagenais, 1991) et se construit par l'addition d'une foule de petites actions comme de grandes décisions. Le siège social traduit le prestige d'une entreprise. Et la participation à des activités culturelles ou charitables rehausse l'image de ces mêmes entreprises. Mais en même temps, toute bavure sur le comportement attendu d'une organisation peut ternir pendant longtemps sa notoriété, d'où la nécessité de se présenter en conférence de presse bien préparé.

2

LES AVANTAGES DE CETTE TECHNIQUE

La conférence de presse est une technique dont peuvent tirer avantage autant les organisations et les communicateurs que les médias, les journalistes et le grand public. Chacun de ces partenaires occupe l'espace public, se définit par et dans les médias de masse et fait circuler des visions différentes de la réalité.

2.1 Avantages pour l'organisation

Un événement en soi

La conférence de presse constitue un événement en soi et les médias n'hésitent pas à l'annoncer comme une nouvelle. C'est ainsi que chaque jour les médias font état des principales conférences de presse qui doivent se tenir. Et ils spéculent sur celles qui ne se tiennent pas mais qui le devraient.

Comme la conférence de presse est devenue un événement en soi, elle sera presque automatiquement couverte. L'ampleur de la couverture dépend de différents paramètres ; il peut même y avoir une couverture discrète ou négative si les journalistes sentent qu'ils ont été dérangés de façon abusive, mais il y aura couverture. Ce qui n'est pas le cas d'un communiqué qui peut tout simplement être ignoré. En fait, si l'utilisation des communiqués dépend d'aléas divers, toute conférence de presse à laquelle se sont rendus des journalistes donne presque nécessairement une couverture média.

Une technique très efficace

Il s'agit d'une technique extrêmement efficace car elle rassemble un certain nombre d'avantages qu'on ne trouve dans aucune autre technique. C'est d'abord un moyen incontournable pour diffuser une information importante. Non seulement elle est un événement en soi, mais encore, si le contenu est intéressant pour la société ou pour les médias, il sera diffusé avec beaucoup d'ampleur.

C'est un moyen très approprié pour atteindre les journalistes. Cette technique fait partie de la routine journalistique et de ce fait suscite un intérêt naturel. Selon Wilcox (1986, p. 562), elle facilite le travail de l'organisation et permet d'économiser du temps. On n'a pas besoin de présenter chaque nouvelle individuellement à chaque média. En présentant la nouvelle simultanément à tous les membres de la presse, on s'assure d'une diffusion globale de l'information au même moment. Les interprétations contradictoires s'en trouvent réduites, car de nombreux témoins ont entendu la même version. En plus de l'impact simultané dans tous les médias, l'information fournie aux différents médias est identique.

Selon le type d'invitation lancée, elle peut rejoindre une sélection de journalistes bien ciblés. Il ne s'agit pas ici de pratiquer des exclusions, mais plutôt de regrouper des journalistes particulièrement intéressés à certains types d'informations.

La rencontre directe des journalistes avec la haute direction d'une organisation favorise le développement entre eux de liens plus étroits, parfois même familiers. Elle constitue donc une technique à grand déploiement qui maximise les résultats.

Une diffusion universelle

La conférence permet de diffuser une information à l'ensemble d'une population, qu'il s'agisse du public autant interne qu'externe d'une organisation et peut rejoindre du même coup toutes les régions d'un État ou d'un pays, si ce n'est l'ensemble du monde. C'est ainsi que les déplacements du pape sont annoncés en même temps dans tous les pays du monde, par exemple.

Elle constitue également une façon de communiquer avec d'autres institutions. Les groupes de pression, comme Green Peace, ont recours aux conférences de presse pour rallier d'autres groupes à leurs revendications. Dans les conflits de travail, les parties se parlent à travers les médias.

Des résultats immédiats

Elle permet d'obtenir une diffusion instantanée de l'objet de la conférence. Dans les minutes qui la suivent, les bulletins d'informations de la radio diffuseront la nouvelle qui sera dorénavant du domaine public. Et dans certaines situations exceptionnelles, la télévision réalisera des bulletins d'informations spéciaux. Les médias donnent une grande force à l'information qu'elle diffuse. Et on peut mesurer l'impact d'une telle diffusion.

Des informations complexes

La conférence offre aussi la possibilité de donner beaucoup d'informations sur un sujet donné. Le texte même de la conférence, les documents annexes qui peuvent être distribués permettent de traiter en profondeur d'un sujet donné. L'échange que favorise la période de questions permet de construire cette information en tenant compte des préoccupations de l'organisation. Et tous les détails qui entourent une nouvelle, ses tenants et aboutissants peuvent être exposés lors d'une conférence de presse qui permet en même temps l'expression de points de vue multiples.

L'image de l'organisation

Elle est aussi l'occasion de mieux faire connaître l'organisation et, dans certaines circonstances, de rehausser l'image qu'elle projette auprès du public. En ce sens, elle est un véritable outil de promotion ; promotion de l'organisation, mais aussi de son président qui bénéficie de retombées directes de son exposition aux médias. Des chefs d'entreprise deviennent des vedettes médiatiques et l'évocation de leur nom donne une valeur ajoutée à l'organisation.

La conférence permet également d'atténuer ou d'expliciter une mauvaise opinion ou rumeur. Elle constitue en ce sens un moyen de réajustement permanent de la notoriété et de la crédibilité de l'organisation.

La conférence de presse donne plus de crédibilité à l'organisation que la publicité, par exemple. Une telle mise à nu devant des journalistes qui ont le loisir de poser toutes les questions et de commenter tous les aspects de la déclaration aura pour effet d'améliorer la compréhension des journalistes à l'endroit de l'organisation et de gagner parfois même leur estime.

Enfin, auprès de différents publics, le simple fait de mobiliser les médias suffit pour augmenter la crédibilité et le prestige d'une organisation. Ce prestige l'aidera à passer plus facilement à travers les critiques qui lui sont adressées et à développer de meilleures relations avec ses fournisseurs, les gouvernements, ses employés et les autres publics qu'elle côtoie.

Une communication directe

Cette technique permet un contact personnel et un dialogue avec les journalistes. Ce face à face donne l'occasion de lever bien des ambiguïtés car la présence humaine et le charisme de certaines personnalités donnent à la conférence une dimension qu'aucun document ne peut transmettre. La réalité quotidienne nous apprend qu'il y a des situations qu'on ne règle ni par lettre ni par téléphone, mais seulement par une conversation franche. Ce contact direct permet, par ailleurs, de nuancer ses propos et de donner toute explication supplémentaire et pertinente requise.

Par ailleurs, il est plus facile à la suite de ces rencontres pour un dirigeant d'organisation de parler aux journalistes en toute confiance et de se mettre directement en contact avec eux si besoin est. Le corollaire de cet avantage, c'est qu'il faut éviter de trop exposer aux médias une personnalité qui est mal à l'aise dans ce genre de situation ou qui passe mal à la télévision.

Une technique d'urgence

Dans les cas d'urgence, la conférence de presse demeure le moyen par excellence de rejoindre le plus de gens possible, le plus rapidement possible, ce qui allège ainsi la tâche du communicateur et du personnel du bureau de la haute direction en les dispensant de répondre à de multiples appels téléphoniques et en donnant à tous les interlocuteurs, en même temps, la même réponse.

Une technique peu onéreuse

Cette technique coûte peu cher. D'une part, si la préparation de la conférence demande beaucoup d'énergie et de temps, elle implique très peu de dépenses. D'autre part, elle fournit à l'organisation l'accès à des espaces gratuits dans les médias. En ce sens, c'est une technique très peu coûteuse et très efficace. Elle n'implique pas les coûts d'une campagne publicitaire et obtient plus de crédibilité car elle bénéficie de celle des journalistes qui véhiculent l'information.

Une technique recherchée

Pour toutes les raisons que nous venons d'évoquer, la conférence de presse demeure une technique extrêmement utile pour toute organisation. Elle constitue une forme de dialogue efficace entre une organisation et le milieu qui l'entoure. C'est un des meilleurs moyens pour rejoindre le public avec crédibilité car, avant de rapporter le message du conférencier, le journaliste a soumis ce dernier au supplice de la question et de la critique. C'est ce qui explique que cette technique soit recherchée. Toutefois, elle n'est pas uniquement utile pour une organisation. Elle est aussi recherchée par les médias.

2.2 Avantages pour le média

Parmi les rôles et fonctions des médias, il y en a deux qui sont facilités par l'institution de la conférence de presse et qui nous préoccupent ici : soit la surveillance du milieu et la réalisation de profit.

La recherche du contenu

L'information est devenue un élément essentiel dans la composition de la majorité des médias. Et si la télévision par exemple ne réserve qu'un temps limité à cette fonction sociale, le succès phénoménal de CNN démontre qu'il y a un intérêt constant d'une partie de plus en plus grande de la population pour connaître l'évolution de la réalité.

En ce sens, la conférence de presse est un allié naturel des médias car elle existe justement pour créer la nouvelle et la rendre disponible le plus facilement possible.

Si cette technique fait maintenant partie de la routine journalistique, c'est que justement les médias recherchent toute forme d'information crédible. Or, la conférence de presse est toujours soutenue par une organisation qui en sanctionne le contenu. De ce fait, les informations diffusées sont habituellement validées par un groupe qui en assure la véracité.

Par les conférences de presse, les médias ont donc accès à de l'information de première main et en abondance ainsi qu'à des sources sûres. Cette technique est devenue aujourd'hui une source importante d'approvisionnement en nouvelles.

La recherche du profit

Les médias n'ont pas nécessairement besoin des conférences de presse pour générer la nouvelle. Mais sans elle, les coûts de recherche de cette nouvelle seraient beaucoup plus élevés. En fait, la conférence de presse est en quelque sorte une solution de facilité pour les médias qui ne sont pas obligés d'investir en temps/personne les coûts requis pour la découverte, la cueillette, la vérification et la mise en forme de l'information. Ce sont les organisations qui absorbent ces coûts. C'est ce que Gandy (1982) appelle l'information subventionnée.

La responsabilité de la rigueur des informations appartient à l'organisation. Si elle ment, il y aura certainement une autre organisation ou des employés mécontents qui rectifieront les faits.

Les médias n'ont plus besoin de chercher la nouvelle, elle vient à eux. Et dans une période de restrictions budgétaires ou de récession, où l'on réduit au minimum les frais d'exploitation des salles de nouvelles et de rédaction, quand on ne les ferme pas tout simplement, la conférence de presse constitue une source indirecte de profit pour l'industrie du média.

L'abondance des nouvelles

Les deux points soulevés plus haut ont comme corollaire que toutes les organisations veulent organiser des conférences de presse. De ce fait, les médias bénéficient d'une abondance de nouvelles telles qu'ils peuvent même en faire le tri. C'est ainsi que toutes les conférences de presse n'obtiennent pas une couverture identique.

Les médias profitent donc d'une situation intéressante où la nouvelle leur est préparée et donnée. Et à cause du pouvoir d'attraction qu'ils exercent, de la force sociale qu'ils créent, les médias font partager, et surtout payer, par les organisations une partie de leur rôle.

2.3 Avantages pour le journaliste

Les avantages que retirent les médias de la conférence de presse bénéficient également aux journalistes. La conférence de presse simplifie leur travail, les aide même à développer une expertise et de ce fait leur procure un sens critique qui donne toute la force à leur intervention.

La cueillette des données

Lors de la conférence de presse, le journaliste reçoit habituellement plus d'informations qu'il n'en peut utiliser. Et dans la très grande majorité des cas, pour préparer la nouvelle, il aura obtenu toute l'information nécessaire lors de la conférence.

Le fait qu'il peut avoir accès directement aux sources d'information lui donne tout le loisir de vérifier chacun des points avancés lors de la conférence et même d'éclaircir certaines interrogations. À ce titre, la conférence de presse constitue vraiment une source d'information unique que le journaliste n'a pas à chercher. Il faut même ajouter que la conférence de presse doit être en mesure de simplifier la tâche des journalistes dans la cueillette de ces informations puisque tout a été prévu et mis en forme pour eux.

La conférence oblige par ailleurs le journaliste à une certaine rigueur. Comme toutes les données qu'il possède ont été exposées en même temps à tous ses collègues présents, il ne peut se permettre des approximations, ni formuler des hypothèses qui ne tiennent pas compte des échanges réalisés au cours de la conférence.

La rencontre avec les dirigeants

Pour un journaliste, l'accès aux sources premières d'information constitue un atout indéniable. La conférence de presse permet aux journalistes de rencontrer les dirigeants des organisations, de tisser des liens professionnels et ainsi de pouvoir avoir plus tard accès à ces personnalités.

Un des éléments qui crée la force d'un journaliste, c'est justement cette possibilité de pouvoir vérifier en toute confiance avec les plus hautes autorités des organisations certains faits, rumeurs ou décisions. Ou de pouvoir solliciter des réactions et des commentaires à certains événements.

Or, cette relation de confiance se construit lentement à partir de diverses rencontres. La conférence de presse est un terrain propice pour ce faire.

2.4 Avantages pour le public

Si les organisations et les médias récoltent des bénéfices directs des conférences de presse, c'est probablement le public en dernier ressort qui en tire le plus d'avantages.

Tous ces efforts déployés par les uns et les autres pour diffuser l'information, pour créer la nouvelle, pour décrire la réalité n'ont de poids réel que dans la mesure où le public écoute et accepte les messages ainsi diffusés. L'opinion publique ne se forme pas uniquement à partir des informations qui sont diffusées, mais à partir de celles qui sont acceptées et intériorisées par le public. C'est donc lui, en dernier ressort, qui décide de la qualité des opérations de presse.

Du fait de son écoute potentielle, de sa réceptivité bienveillante ou hostile, les organisations vont tenter de séduire ce public. Or, comme il existe dans nos sociétés des antagonismes perpétuels entre divers groupes — les partis politiques s'opposent et se combattent les uns les autres ; les syndicats luttent contre le pouvoir des patrons ; le groupe pro-vie combat le groupe pro-choix ; les entreprises commerciales se livrent des batailles économiques perpétuelles — comme en fait la définition des enjeux sociaux est arrêtée à partir de la place qu'occupe chacun des groupes dans l'opinion publique, chaque conférence permet au public, d'une part, de prendre connaissance des stratégies d'influence de ces différents groupes et, d'autre part, incite les autres groupes à réagir et à se démarquer.

Cette lutte continuelle alimente donc l'espace public. Et le public a finalement le choix entre diverses options, entre différentes perceptions, entre des intérêts divergents. Et s'il ne comprend pas toujours la portée des enjeux qui se jouent sous ses yeux, au moins il oblige les organisations à ouvrir leur jeu.

La conférence de presse est autant une réponse aux exigences de la vie contemporaine et au besoin de transparence de la société qu'une initiative des organisations favorisée par la complicité des médias. C'est en ce sens que Missika et Wolton (1983) estiment que la télévision est l'objet le plus démocratique de nos sociétés, car elle permet l'expression de toutes les avenues.

2.5 Avantages pour le communicateur

À l'intérieur des organisations, les communicateurs bénéficient également de la tenue des conférences de presse. Elles leur permettent de travailler pendant quelque temps étroitement avec la haute direction, elles leur donnent l'occasion de prouver leur efficacité et, enfin, elles aident à tisser leur réseau de contacts avec les journalistes.

Des liens d'amitié

La richesse des contacts avec les journalistes constitue l'une des forces d'un communicateur. En apprenant à les connaître, il peut plus facilement solliciter leur avis sur l'opportunité de prendre certaines initiatives et, surtout, il peut échanger en toute confiance des informations sans crainte d'être « brûlé » par un interlocuteur plus pressé de faire une nouvelle que de comprendre la complexité d'une situation.

Enfin, les journalistes s'attarderont moins sur certaines erreurs de parcours si le communicateur a su instaurer des liens de confiance avec eux.

C'est au cours des conférences de presse que se tissent ces liens, que se développent des affinités, que se découvrent des complicités. Pour Cutlip et Center (1982, p. 389) une conférence de presse « sert de véhicule pour entretenir des bonnes relations avec les médias ». Encore faut-il que le relationniste fasse des efforts pour se rapprocher des journalistes, au moment de la conférence.

En permettant un contact personnel avec les journalistes, la conférence de presse constitue pour le relationniste un atout exceptionnel dans son travail.

La notoriété du relationniste

La conférence de presse est certainement pour le relationniste une bonne occasion de se faire connaître des journalistes en tant que porte-parole de l'organisation pour laquelle il travaille. Il peut donc en profiter pour se bâtir une bonne crédibilité.

L'organisation de la conférence, son suivi, la disponibilité et l'efficacité du relationniste, les réponses qu'il donne sont des éléments qui favorisent de bons rapports avec les journalistes et améliorent son efficacité.

Le relationniste doit par l'entremise de la presse promouvoir la notoriété de son organisation, créer un climat favorable entre elle et tel ou tel public, réduire certaines tensions et sensibiliser le public à tel ou tel problème. Souvent, c'est par l'approche qu'il aura avec les médias qu'il pourra réaliser ces objectifs. Or, toute la crédibilité qu'il aura acquise auprès des journalistes lui sera alors très avantageuse.

Les liens avec la direction

Le relationniste trouvera aussi dans cette technique une occasion unique de collaborer étroitement avec les dirigeants de l'entreprise et de se faire valoir auprès d'eux.

La préparation de la conférence de presse met en effet en relation directe le responsable des communications et ses collaborateurs et la haute autorité de l'organisation. Ils peuvent même être appelés à la rencontrer à de multiples reprises.

Ce sont des occasions qui permettent au communicateur de montrer son sérieux, sa compétence, sa rigueur et la maîtrise parfaite de son métier.

Lorsque ces conférences se déroulent bien, il est plus facile ensuite pour le communicateur de bénéficier d'une oreille attentive de son président pour lui présenter des projets nouveaux ou tout simplement pour l'inciter à recourir plus souvent à la conférence de presse ou à toute autre stratégie de communication.

2.6 Des partenaires satisfaits

On se rend compte que, si la conférence de presse a pour but de diffuser des informations, elle dessert bien ceux qui s'en servent. Car, en somme, tous les partenaires directs y trouvent leur profit. La conférence de presse devient donc un partage et les partenaires directs de sa réalisation — les organisations comme les journalistes — ont des intérêts évidents à ce que tout se déroule bien. Et c'est le public qui en est le grand gagnant.

3

DÉFINITION

Selon Van Bol et Ugueux (1983, p. 168), la conférence de presse « ... est une réunion de travail entre journalistes et une ou plusieurs personnes qui estiment avoir quelque chose d'important à leur communiquer, qui pensent en l'occurrence que la rencontre physique apportera quelque chose de plus que l'écrit et qui, en conséquence, acceptent de répondre aux questions qui leur seront posées ».

Il s'agit donc d'une manifestation organisée spécifiquement à l'intention de l'ensemble des journalistes pour leur fournir, en même temps, une même information sur un sujet précis. Elle se présente comme un moment privilégié où des responsables ou porte-parole d'une organisation engagent un contact direct et personnel, un dialogue et un échange avec les journalistes de façon à leur permettre de mieux comprendre l'information divulguée.

Convoquer une conférence de presse, c'est donc prévoir que la nouvelle suscitera des questions des journalistes et qu'il y aura matière à discussion.

Le but de cette opération est, pour l'organisation, d'obtenir des espaces/temps rédactionnels gratuits et, pour les médias, d'avoir accès à des informations de première main.

Le Guide pratique de la communication gouvernementale du Service d'Information et de Diffusion du Bureau du Premier ministre de France (1991, p. 63) ajoute une notion supplémentaire, soit celle de l'uniformité et de la simultanéité de l'information diffusée : « La conférence de presse est une manifestation organisée spécialement à l'intention des journalistes... Elle a pour avantage de contacter l'ensemble de la presse concernée de façon simultanée, homogène et d'établir un échange ».

Même si, dans le langage commun, le terme « presse » est souvent synonyme de média écrit, la conférence de presse s'adresse à l'ensemble des médias. Et l'expression « convoquer la presse » englobe l'ensemble des médias écrits et électroniques.

3.1 L'initiative de la conférence

Il existe divers facteurs qui justifient la tenue d'une conférence de presse, facteurs que l'on peut regrouper en deux grandes catégories : les conférences orchestrées par l'organisation elle-même et celles commandées par l'actualité.

Quand les circonstances l'imposent

Lorsqu'une situation d'urgence se déclare, dans la plupart des cas, les organisations doivent tenir une conférence de presse pour répondre aux demandes ou aux pressions des médias et pour renseigner ou rassurer la population.

Une urgence, c'est par exemple une panne importante d'électricité, un accident majeur, ou encore l'annonce de la mort soudaine d'une personnalité ou une prise de possession d'une entreprise. En politique, il peut s'agir d'une mise au point à la suite d'un conflit, d'une déclaration à la suite d'une controverse.

Ces conférences doivent s'organiser rapidement et sont en quelque sorte imposées à l'organisation par l'actualité. Dans ces circonstances, la rapidité d'exécution permet à l'organisation de mettre de l'avant son point de vue et de devancer les pressions du milieu. C'est ainsi que les manufacturiers de Tylenol ou de Perrier ont tenu une conférence de presse pour faire connaître la façon dont ils allaient réagir face à un produit à risque.

Quand l'organisation dispose

En temps normal, il appartient à l'organisation de décider de tenir une conférence de presse. Que ce soit pour annoncer une politique, faire connaître un service, lancer un produit, développer une orientation différente, débattre d'un sujet, l'organisation prend l'initiative de la conférence. Il n'y a aucun caractère de nécessité ni d'obligation comme dans le cas précédent. Dans ce type de conférence, l'organisation devra justifier l'importance de son message.

3.2 Les rencontres de presse

La conférence de presse n'est qu'un mode d'échanges avec les journalistes. Il en existe d'autres dont les principaux sont le briefing, la citation indirecte, la rencontre de presse, le déjeuner de presse, le point de presse et la rencontre sociale.

Le briefing de presse

Un briefing de presse constitue une occasion, pour une organisation, d'échanger de façon *officieuse* des informations *officielles* avec les journalistes. Il s'agit d'une rencontre de presse particulière au cours de laquelle l'organisation donnera de l'information de base et fera un tour d'horizon sur un événement à venir, une visite attendue ou un sujet complexe qui devrait faire l'objet éventuellement de traitement médiatique. Il n'est donc pas question d'une nouvelle à annoncer, mais bien d'explications à apporter sur un sujet donné.

Ainsi, avant un sommet quelconque où des dossiers délicats ou complexes seront traités, il est d'usage pour le comité organisateur de réunir les journalistes pour leur parler des enjeux du sommet. Il n'y a pas de nouvelles à divulguer puisque le sommet n'a pas encore eu lieu. Mais les journalistes aiment bien savoir à l'avance quels seront les sujets traités et quels sont les problèmes reliés à chacun des sujets.

Un briefing est habituellement animé par un porte-parole de l'organisation, soit un vice-président ou un sous-ministre, mais en principe jamais par la plus haute autorité d'une organisation dont la disponibilité est réservée pour la conférence de presse.

La règle du jeu reconnue et rappelée avant chaque briefing est celle-ci : les médias peuvent utiliser toutes les informations transmises lors de la séance de briefing sans toutefois mentionner le nom de la personne qui les a transmises. À la suite du briefing, les journalistes sont donc libres de diffuser toutes les informations recueillies mais sans citer de sources. Ils doivent répéter en leurs propres mots, comme si c'étaient eux qui expliquaient les événements, ce qu'ils ont entendu. Le briefing permet ainsi d'expliquer et de résumer les positions différentes que peut prendre chacun des acteurs d'un événement.

Pour l'organisation, le briefing est intéressant car il situe l'action à venir dans son véritable contexte. Pour les médias, il leur permet d'approfondir toutes les dimensions d'un sujet qui sera d'actualité plus tard, sans avoir à plonger dans des documents multiples.

Le briefing peut traiter de sujets controversés. Il présente alors la position d'une des parties, celle qui l'organise, qui se fait fort alors d'essayer de justifier son point de vue.

Des briefings de presse sont aussi organisés avant la tenue d'événements qui attirent de nombreux journalistes pour leur faire part des règles du jeu sur la couverture de presse. C'est à ce moment qu'on parle d'accréditation, de traduction, d'emplacements réservés, de salles de presse. Lors d'événements comme les Jeux olympiques, les déplacements du pape, des chefs d'État, les services de presse organisent un briefing pour parler des itinéraires, des facilités mises à la disposition des journalistes à chaque endroit et des contraintes auxquelles ils seront aussi soumis.

Le briefing représente une économie de temps pour les gens concernés ; et il permet à ceux qui l'animent de faire valoir leur propre opinion sur un sujet donné. À l'inverse, un briefing mal mené ou trop biaisé risque de provoquer chez les journalistes un sentiment de méfiance sur la thèse défendue.

Il ne faut pas abuser du briefing. En fait, les organisations n'y ont recours qu'en de rares occasions. Comme il cherche à faciliter la tâche des journalistes lors de la couverture d'événements majeurs, il n'est pas déplacé alors de sonder quelques journalistes sur la pertinence de tenir une telle activité. Souvent, c'est à la suite de multiples démarches de journalistes qui veulent en savoir davantage sur un sujet complexe qu'une organisation peut décider de tenir un briefing.

D'ailleurs, les journalistes respectent habituellement l'anonymat des informateurs qui tiennent des briefings. Mais ce n'est pas toujours le cas. Lorsqu'au cours d'un briefing des propos hors de l'ordinaire sont prononcés, les journalistes se permettent alors de transgresser la norme de l'anonymat et de publier la nouvelle en l'attribuant à celui qui a parlé. L'exemple suivant illustre ce propos.

Au cours de la crise d'Oka en 1990, les hauts fonctionnaires du ministère fédéral des Affaires indiennes ont tenu un briefing pour faire part aux journalistes de leur hypothèse sur cette crise. « The standoff at Oka is an armed insurrection by a criminal organization that is cloaking itself in the guise of Indians rights, the federal deputy of Indian Affairs and northern development charged yesterday ».

« Mr. Swain, accompanied by other senior officials from the Indian Affairs department, spoke to reporters on condition that none of them be identified. Because of the serious nature of the allegations, *The Globe and Mail* has chosen to attribute the comments at the briefing » (York, 1990).

Ces propos, qui auraient pu être présentés comme une hypothèse avancée par des représentants du gouvernement, sont sortis comme une information boomerang où l'accusateur est devenu accusé, d'où le danger d'émettre des opinions sans les étayer devant des journalistes. Cet exemple illustre la pratique des briefings. On livre des éléments factuels et on essaye de glisser une interprétation de ces faits, en espérant que certaines idées vont cheminer ensuite dans la tête des journalistes.

La citation indirecte

En certaines circonstances, des personnalités peuvent demander, ou exiger, (Hilton 1987, p. 127) de ne pas être citées textuellement quoiqu'on puisse leur attribuer les propos qu'elles ont prononcés. Hilton parle de la formule « indirect quotation rule ». C'est la règle du briefing appliquée à un individu.

La rencontre de presse

La rencontre de presse est une autre formule qui permet à une personnalité de rencontrer les journalistes. À la différence d'une conférence de presse, la personnalité ne fait pas de déclaration, n'a aucune nouvelle particulière à livrer, mais se tient à la disposition des journalistes pour répondre à leurs questions. Ainsi, une vedette de cinéma de passage dans une ville peut rencontrer les journalistes spécialisés pour échanger avec eux. Lors d'une rencontre de presse, les journalistes sont tout simplement invités à rencontrer la personnalité. Ils savent qu'il ne s'agit pas d'une conférence de presse, donc ils ne s'attendent à aucune déclaration. Il s'agit davantage d'un échange ouvert. Le journaliste sait qu'il lui appartient de poser des questions.

On fait des rencontres de presse lorsque la personnalité à présenter est déjà connue du public. Un astronaute, un héros militaire, une vedette de passage dans une ville sont toujours un objet d'intérêt pour les médias, même s'il n'y a pas à proprement parler de nouvelles à faire connaître.

La rencontre de presse comme le briefing sont ouverts à tous les journalistes sans exception. Toutefois la conférence de presse revêt un caractère plus officiel que la rencontre de presse.

La presse spécialisée

En certaines circonstances, une personnalité, un chercheur, une organisation ne souhaitent rencontrer qu'un petit nombre de journalistes spécialisés pour présenter une nouvelle, un point de vue, un nouveau développement. Si ces rencontres restreintes n'ont pas pour but d'écarter un journaliste, mais de cibler davantage des journalistes spécialisés plus réceptifs au sujet traité, il n'y a aucun inconvénient à procéder ainsi. Mais cette façon de faire laisse la porte ouverte aux critiques que pourrait formuler un journaliste frustré de n'avoir pas été invité.

Les déjeuners de presse

Les rencontres de presse peuvent se présenter sous forme de déjeuner ou de petit déjeuner. Il s'agit pour un chef d'entreprise, un ministre, une personnalité quelconque d'inviter les journalistes à partager un repas avec lui pour simplement faire le point sur des sujets qui peuvent les intéresser.

Il n'y a habituellement aucun thème particulier à débattre, mais la personnalité qui organise le déjeuner connaît les orientations qu'elle souhaite voir aborder par les médias.

Ces repas ne sont réservés qu'à quelques journalistes choisis selon les préoccupations du moment de l'organisation et les centres d'intérêt des journalistes. Ils donnent lieu parfois à des échanges francs et permettent aux journalistes et aux organisations de bien exposer les positions que chacun d'eux peut avoir sur une question donnée. Il arrive même que la personnalité sollicite l'avis des journalistes sur certaines avenues complexes. Souvent, les seules questions posées livrent le sens des préoccupations des journalistes. Ces échanges d'information servent davantage à la compréhension de questions particulières et donnent rarement lieu à une couverture de presse.

Le point de presse

Une conférence de presse peut être improvisée. Un ministre à la sortie de l'Assemblée nationale, un maire à la sortie d'une séance du conseil, une personnalité mêlée à une controverse peuvent être assaillis par des journalistes, ou prendre eux-mêmes l'initiative de faire une déclaration. L'expression consacrée dans une telle circonstance est le « scrum », c'est-à-dire la mêlée, qu'on traduit par point de presse.

Il s'agit d'un type bien particulier de rencontre de presse qui ressemble à une mêlée de football, d'où son nom de « scrum », et qui se produit lorsque des journalistes prennent d'assaut une personnalité sur un trajet emprunté par celle-ci.

Le point de presse est en quelque sorte une rencontre de presse organisée par les journalistes. Ceux-ci entourent la personne à interroger, braquent micros et caméras devant elle et tentent d'obtenir des informations sur un sujet d'actualité.

Le point de presse est habituellement pratiqué lorsqu'un individu est au centre d'un débat public. Ses propos sont toujours repris par l'ensemble des médias, même s'il se limite à dire « pas de commentaires ».

« Le grand avantage du scrum est qu'on peut se contenter de lancer quelques bouts de phrases accrocheurs préparés d'avance que les journalistes seront forcés de rapporter, même si ça n'a aucun rapport avec la question posée » (David, 1992).

Le terme « point de presse » a pris au cours des dernières années une signification plus étendue que le « scrum » d'autrefois. De plus en plus, des personnalités organisent des points de presse pour faire le point avec les journalistes sur certains sujets. La rencontre de presse ne leur est plus imposée comme c'était le cas avec le « scrum ». Le point de presse est devenu en quelque sorte une conférence de presse mineure.

La rencontre sociale

Il arrive que l'événement annoncé fasse l'objet, en plus de la conférence de presse, d'une activité sociale. Le lancement d'une politique, d'une fusion, peut donner lieu à une réception qui réunit les principaux partenaires ou les employés d'une organisation. De ce fait, on peut convoquer une conférence de presse dans une salle, suivie d'une réception dans une autre.

On peut aussi procéder à un lancement d'envergure, à une grande inauguration où les médias seront convoqués. Ils assisteront aux discours, mais ils ne seront pas appelés à poser des questions. Dans certains cas, on leur réservera ensuite une période de questions dans une salle particulière. Ou alors, ils devront tracer leur chemin au milieu des invités pour atteindre et questionner le porte-parole.

D'autres organisations profitent d'une nouvelle importante pour réunir leurs principaux partenaires. La nouvelle devient donc le prétexte à un rassemblement important. Il ne s'agit plus d'une conférence de presse proprement dite, mais d'une rencontre spéciale à laquelle sont conviés les journalistes et d'autres invités.

4

DISPOSITIONS À PRENDRE AVANT L'ÉVÉNEMENT

La conférence de presse s'organise en trois temps aussi importants les uns que les autres : avant, pendant et après. Le déroulement de la conférence de presse elle-même n'est donc qu'un temps dans l'utilisation de cette technique.

Sa planification nécessite une préparation minutieuse, ce qui ne veut pas dire qu'elle ne peut pas se préparer rapidement. Voici donc l'ensemble des étapes à suivre avant de se retrouver dans une salle avec des journalistes pour tenir sa conférence.

4.1 La décision de tenir une conférence de presse

La décision de tenir une conférence de presse, même si elle est suscitée par une demande pressante d'informations de la part des médias ou par les nécessités de l'actualité, appartient ultimement à l'organisation.

La première action que doit accomplir une organisation est donc de juger de la pertinence de tenir une conférence de presse, d'évaluer la nécessité d'y avoir recours et de décider d'en tenir une.

Selon Huot (1994, p. 51), l'organisation doit être capable de définir clairement pourquoi elle a choisi d'inviter les médias et quels objectifs elle visait en ce faisant.

Il y a des situations de crise qui peuvent se contourner par d'autres moyens que les conférences de presse. Lorsque Chrysler a été accusé de trafiquer les odomètres de ses voitures d'essai en 1987, lorsque le restaurant Bill Wong à Montréal a été condamné pour des infractions au règlement d'hygiène de la Ville de Montréal en 1991, l'un et l'autre ont décidé de faire face à la situation par une page de publicité. À l'inverse, Tylenol, en 1982, et Perrier, en 1990, ont décidé de tenir une conférence de presse.

Il n'y a donc pas de règle mathématique pour tenir une conférence de presse. Mais l'organisation doit d'abord déterminer les objectifs qu'elle souhaite obtenir par la tenue d'une conférence de presse et évaluer les avantages et les inconvénients d'affronter les journalistes.

Cette décision est délicate car il y a toujours de multiples intervenants au sein d'une organisation qui ont habituellement des avis partagés sur le sujet.

L'idée de tenir une conférence peut venir de plusieurs sources différentes. S'il appartient à la plus haute autorité de l'organisation de donner son assentiment à cette initiative, les pressions pour influencer sa décision sont multiples. Et si la présence du président est requise à cette manifestation, encore faut-il qu'il soit d'accord avec la tenue de celle-ci.

Un membre de l'organisation

La proposition de tenir une conférence de presse peut être suggérée par un des membres de l'organisation, par un directeur d'une unité administrative, par un vice-président.

Ceux-ci tenteront d'obtenir directement l'aval de la haute autorité ou soumettront leur proposition à la direction des communications. Dans le premier cas, la haute direction peut demander l'avis de la direction des communications ou lui imposer sa décision.

Dans le second cas, le responsable des communications évalue la pertinence de procéder et doit ensuite être en mesure de pouvoir faire les recommandations nécessaires et de persuader la haute autorité qui souvent sera tentée de se demander : est-ce vraiment nécessaire ? est-ce très utile ?

Le responsable des communications

Tout relationniste qui propose de tenir une conférence de presse devra d'abord persuader son supérieur, le responsable des communications, qui évaluera le bien-fondé de la démarche, et ce, même s'il existe des pressions des médias ou de l'opinion publique pour agir en ce sens.

Il appartiendra ensuite à ce responsable de convaincre à son tour les hautes autorités de sa proposition, tout en sachant très bien qu'il y aura souvent une certaine forme de réserve, sinon de réticence, à vouloir associer les médias aux activités de l'organisation.

La haute autorité

Dans certains cas, cette initiative vient d'un membre du conseil d'administration ou de la plus haute autorité. La décision peut avoir été dictée par des considérations sérieuses ou triviales, par une réflexion suivie ou par la recommandation d'un ami, d'un cabinet-conseil ou d'un de ces présumés experts qui rendent leurs conseils persuasifs grâce à leur facilité de parole plutôt que par leur analyse.

Il appartient alors au responsable des communications d'encourager ou de dissuader son organisation de donner suite à cette décision. Son succès dépendra de la force de ses arguments et de la crédibilité qu'il aura acquise auprès de ses supérieurs.

Parfois, la décision de certains patrons ne supporte aucune discussion et chacun doit alors s'exécuter pour le meilleur ou pour le pire.

Dans les ministères, il arrive souvent que ce soient les conseillers du ministre, son attaché de presse ou le ministre lui-même qui décident de tenir une conférence de presse. Souvent ces décisions sont prises selon des considérations politiques. De ce fait, les décisions de tenir une conférence de presse sont tantôt annulées ou déplacées dans le temps ou organisées d'urgence pour répondre à ces impératifs politiques que parfois la raison ne comprend pas.

La règle veut toutefois que toute activité de communication doit être entreprise en suivant les avis de la direction des communications, car les experts en communication s'y trouvent. Malheureusement dans chaque organisation, tout le monde croit s'y entendre en communication. C'est facile, il suffit d'avoir envie qu'on parle de soi ou d'aimer parler aux journalistes...

« Si vous êtes chargé des relations de presse, vous devez vous assurer que vous serez consulté, le plus tôt possible, aussi bien sur les méthodes d'approche que sur le moment opportun, de préférence à l'instant même où la décision de ce contact a été prise par la direction » (Rival, 1961, p. 81). L'auteur exclut toutefois la participation du relationniste dans la prise de décision, alors qu'il est essentiel qu'il y soit mêlé.

Si, par ailleurs, la décision de tenir une conférence de presse, en laquelle les communicateurs ne croient pas, a été imposée, il est recommandé de ne jamais se dissocier de cette décision, d'être solidaire de l'organisation et de ne jamais discréditer le sujet de la conférence. En se disculpant auprès des journalistes, les communicateurs reconnaissent alors qu'ils n'ont pas beaucoup d'influence auprès des autorités, minent leur propre crédibilité et laissent savoir que les informations qu'ils diffusent sont peut-être plus souvent qu'autrement dictées plutôt que véridiques.

4.2 Les circonstances

Quels sont les éléments qui vont aider une organisation à décider s'il est utile de tenir une conférence de presse et dans quelles circonstances il faut la tenir ?

Matière à nouvelle

Y a-t-il matière à nouvelle ? C'est la question première à se poser. Mais, comme nous l'avons vu, il y a peu de critères absolus pour savoir si la réponse est positive ou négative.

D'une part, une organisation est souvent mauvais juge pour savoir si les informations qu'elle estime intéressantes à diffuser peuvent se transformer en objet de nouvelles. D'autre part, la nouvelle est toujours relative : cela dépend des autres informations qui circulent dans la même journée.

Pour Dumont-Frénette (1971, p. 342), « [l']on convoque une conférence de presse lorsque l'événement est assez inusité et important pour faire saillie sur la série des réalités quotidiennes auxquelles la presse fait écho. On ne dérange pas les journalistes inutilement et si le relationniste les convoque sans raison suffisante, il risque fort de ne plus les voir pendant longtemps. On se méfiera de l'importance de la nouvelle lors de sa prochaine convocation et il faudra créer à nouveau, avec beaucoup de patience, le climat de confiance nécessaire ».

❖ La nouveauté

La nouveauté est un premier élément à retenir pour juger d'une nouvelle. Lorsque l'événement a un aspect inédit, nouveau ou hors de l'ordinaire, lorsqu'un produit fait son apparition sur le marché, lorsqu'un nouveau programme ou une nouvelle politique est mise sur pied, lorsqu'une entreprise choisit un nouveau local, lorsqu'un film, un spectacle, un livre sont lancés, l'élément de nouveauté s'impose de lui-même et suffit à justifier la présence des médias.

❖ Le contexte

Tout peut devenir matière à nouvelle si le sujet est présenté dans un contexte qui en favorise le sens. Il ne faut donc pas attendre la nouvelle du siècle, car une nouvelle peut se créer. Une entreprise qui n'a souffert d'aucun accident au cours des cinq dernières années peut considérer ce fait comme banal en soi puisqu'elle peut présumer que c'est le cas de la majorité des entreprises. Par contre, si elle démontre qu'elle est la seule dans ce cas dans sa région et si elle profite de la semaine de la sécurité au travail pour l'annoncer, la situation devient nouvelle.

❖ La mise au point

Une mise au point d'une organisation peut constituer en soi une nouvelle. « Pour assurer une meilleure diffusion du point de vue de l'organisme sur un sujet particulier » (Laliberté, 1981, p. 94), il est utile d'avoir recours à la conférence de presse.

En fait, de très nombreux éléments sont de nature à intéresser les médias s'ils sont présentés de façon à mettre en valeur la dimension nouveauté et si le moment choisi est propice (Ministère des Communications, 1983, p. 23) :

— un événement politique (déclaration d'un élu) ;

— un événement économique (fermeture d'une usine) ;

— un événement social (ouverture d'un parc public) ;

— un événement culturel (une pièce de théâtre) ;

— un événement polémique (une manifestation).

Matière à développement

Si la nouvelle exige des explications pour être mieux comprise, alors la conférence s'impose davantage.

André Passeron (1991), du journal *Le Monde*, justifie ainsi le goût du général de Gaulle pour les conférences de presse : « En revanche, lorsqu'il s'agissait de mesures que la pression des événements ou l'urgence n'imposaient pas, de Gaulle préférait les annoncer dans des conférences de presse, qui permettaient de plus longs développements, des explications détaillées, aussi bien pour ce qui concerne sa politique algérienne que les institutions, la conduite de la diplomatie ou l'économie. Prenant souvent un manifeste plaisir à cet exercice, de Gaulle aimait aussi détendre ou surprendre son auditoire par des formules ».

Rival (1961, p. 77-78) insiste également sur cette notion d'échanges entre journalistes et organisation : « S'il suffit que l'information soit lue et si elle ne gagne rien à être entendue, s'il n'y a pas de raisons de penser que des questions difficiles puissent naître de son exposé, si elle ne comporte pas de détails compliqués à expliquer par le jeu des questions et des réponses, si sa présentation ne peut donner lieu à trouvailles personnelles ni à couleur locale, bref, dans tous les cas où la présence physique des protagonistes n'apporte rien de plus, il n'y a aucun besoin de déranger la presse. Plus même, le faire est maladroit ».

« Pour fournir aux représentants de la presse des renseignements spécifiques sur un sujet important qu'il serait, autrement (par exemple un communiqué), difficile à expliquer », le recours à la conférence de presse est indiqué (Laliberté, 1981, p. 94).

Il faut, en somme, que la nouvelle diffusée mérite dialogue avec la haute direction d'une organisation. Et que sa complexité exige des explications détaillées.

L'intérêt public

Les événements d'intérêt public sont nombreux dans toute organisation, encore faut-il savoir les isoler des autres réalisations. Par événement d'intérêt public, on entend toute activité qui peut avoir des répercussions sur l'ensemble ou une partie de la société. Tout développement économique qui permet une meilleure utilisation des ressources humaines d'un milieu peut être présenté comme une information d'intérêt public.

De la même façon, tout parrainage d'une activité culturelle peut être présenté comme d'intérêt public. Ainsi, lorsque l'Orchestre symphonique de Montréal ou de Québec lance une campagne de financement, il s'agit d'une activité d'intérêt public. Même si la campagne permettra aux membres de ces orchestres d'obtenir le salaire auquel ils ont droit et à un certain public d'avoir accès à la musique à des coûts abordables, cette campagne sera présentée comme une contribution à la musique.

Enfin, même une activité de nature sportive peut être considérée comme d'intérêt public. Lorsque la compagnie O'Keefe, à l'automne 1988, a décidé de vendre Les Nordiques au plus offrant, l'opinion publique a fait en sorte que cette transaction essentiellement économique soit d'intérêt public et a obligé la compagnie à tenir une conférence de presse pour justifier ses positions.

Lorsque la Reed Paper à Québec, devenue propriété du groupe japonais Daishowa, a décidé d'investir dans l'achat des Nordiques de Québec, en novembre 1988, c'était pour signifier son engagement dans la communauté et soigner son image institutionnelle. C'est par la conférence de presse que cette entreprise a fait connaître ses intentions.

En fait, il n'est pas toujours facile de définir ce qu'est un événement d'intérêt public. Selon Walsh (1986), il s'agit d'événements qui sont importants ou intéressants pour la population. Il arrive malheureusement trop souvent que les organisations confondent ce qui est important pour elles avec ce qui peut être intéressant pour le public. Ce qui donne lieu à des conférences de presse pauvres en information.

Les événements d'intérêt public sont donc des événements présentés de façon à mettre en valeur leur dimension sociétale, leur apport à la bonne marche de l'activité humaine. Il appartient au communicateur de savoir déceler dans la multitude des informations qui lui sont acheminées celles qui correspondent à la notion vague d'intérêt pour le public. Ainsi, le lancement d'un nouveau produit, d'un nouveau service peut être présenté comme d'intérêt public puisque ces éléments peuvent contribuer au bien-être des consommateurs.

La controverse

En certaines circonstances, une organisation peut être poussée à tenir une conférence de presse soit en réaction à un événement, soit à cause de son intervention dans un fait d'actualité. Il s'agit toujours de situations délicates où souvent les organisations préféreraient ne pas avoir à affronter la presse. Le caractère de nécessité de tenir une conférence de presse s'impose.

Par ailleurs, une organisation peut alimenter une controverse pour dénoncer ses adversaires. Comme les médias accordent toujours beaucoup d'attention à ce type d'information, toute préoccupation peut se traduire en termes de controverse.

Mais il ne s'agit pas d'une règle absolue encore une fois. Pour Riverin et Sauvageau (1991, p. 136-137), « [p]lus le point de vue de la source fait l'objet d'un fort consensus social, plus le traitement journalistique sera conforme aux objectifs de communication de cette source ».

L'intérêt humain

Les informations axées sur l'intérêt humain ont un attrait évident pour les médias. Il s'agit de déceler des faits et gestes de l'organisation qui lui donnent une dimension humaine. On peut alors miser sur la personnalité de ses membres, sur des actions humanitaires ou sur des dates importantes dans la vie de l'organisation. Walsh (1986) mentionne à ce titre les anniversaires au sein de l'organisation. Tenir une conférence de presse pour dévoiler les événements qui entoureront un 20ᵉ anniversaire de fondation relève de cette avenue. Tout comme le 100ᵉ anniversaire de naissance d'un ancien président peut servir de prétexte pour parler de l'évolution de l'organisation.

De multiples nouvelles à saveur légère peuvent piquer l'intérêt des journalistes et la curiosité du public. Une compagnie peut prendre l'initiative de présenter aux médias un de ses employés qui s'est distingué à l'occasion de compétitions sportives, par exemple.

La notoriété

La notoriété de certaines personnalités est à elle seule sujet d'intérêt humain. Le renom d'une entreprise ou d'une organisation et la personnalité de ses dirigeants peuvent susciter assez d'intérêt pour justifier le déplacement des médias. Encore faut-il avoir quelque chose d'intéressant à dire.

Ces organisations savent qu'elles jouissent d'une certaine cote d'estime et qu'elles peuvent l'exploiter si les stratégies de communication publique de l'entreprise l'exigent. C'est ainsi que Chrysler a exploité les talents de communicateur de Iaccoca pour rehausser son image.

La crise

Selon Walsh (1986, p. 82-83), dans les situations de crise qui risquent d'entraîner une vision négative de l'organisation, il est vital de bien contrôler le flux d'informations. Les situations de crise sont souvent la source de nombreuses rumeurs. La conférence de presse permet à l'organisation de s'expliquer, de faire le point et de faire taire les rumeurs.

L'entreprise est continuellement à la merci d'un contretemps de la nature (un toit qui s'écroule), d'un accident (un déversement d'huile), d'une contestation (les employés qui se disent maltraités). Dans ces circonstances, l'entreprise doit réagir très rapidement. Car elle risque, du jour au lendemain, de subir des torts irréparables. La rapidité de réaction, de même que la finesse de la stratégie adoptée peuvent transformer une erreur, un accident, une négligence, en une situation acceptable et éviter ainsi de lourds inconvénients. L'attitude de Perrier, en 1990, en est un bon exemple. Plutôt que d'essayer de cacher la découverte de benzène dans les bouteilles d'eau mises sur le marché, la compagnie a pris l'initiative d'annoncer l'incident et en même temps fait connaître sa décision de retirer toutes les bouteilles du marché. Ce qui était d'abord une négligence de la compagnie est devenu une action de haute responsabilité.

Pour les relationnistes, ces situations de crise sont cruciales. C'est en ces moments qu'ils peuvent vraiment développer leur expertise et exposer leur capacité de gérer l'imprévu.

Lowell (1982, p. 38) rappelle que, lorsqu'une centrale nucléaire fonctionne mal, lorsqu'un avion tombe, lorsqu'une voiture est construite avec un défaut, ou lorsqu'un pétrolier coule, la compagnie impliquée est immédiatement mise en procès dans les médias et par le fait même dans l'esprit du public, longtemps avant que les organismes de contrôle ou les juges ne se soient prononcés. C'est de la façon dont la compagnie va réagir dans les instants qui suivent de près la crise que se dessinera la différence entre une baisse temporaire de popularité et une perte permanente du chiffre d'affaires. Dans la mesure où les relationnistes proposeront des attitudes ouvertes — et seront suivis par leur administration —, le résultat de la crise sera positif ou négatif. Car, si l'on accepte le jeu normal des médias, ils feront écho à toutes les accusations que les groupes de pression et les compétiteurs n'hésiteront pas à mettre de l'avant.

Hilton (1987, p. 152) signale qu'on disserte beaucoup sur la façon de parler aux journalistes, de préparer les conférences de presse ou d'autres manifestations diverses. Il ajoute toutefois que, pendant qu'on prépare ces stratégies fines, l'imprévisible arrive pour lequel l'organisation n'est pas préparée. Il propose donc, à cet effet, un certain nombre de conseils :

— se préparer à ne pas être préparé. La crise arrive par surprise. Même si on l'attend, quand elle arrive, on ne peut en prévoir l'importance ;

— s'en tenir aux faits connus. Il est parfois préférable d'avouer son ignorance que d'avancer une hypothèse, une explication qu'on devra démentir ou justifier pendant la semaine qui suivra ;

— toujours faire en sorte que les questions qui intéressent les journalistes puissent trouver réponses, c'est-à-dire être capable de dire qui, quand, quoi, comment, pourquoi ;

— et ramener les réponses à des questions d'ordre général. Le premier intérêt est de contrôler la situation présente, d'empêcher les dégâts de se propager et de s'occuper de tous ceux qui ont pu être lésés (blessés). De ce fait, éviter de se laisser piéger par des détails sortis de leur contexte.

Morin (1981) a longuement développé la thèse que le désordre dans une société était un facteur d'organisation. De ce fait, il est continuellement présent. Vouloir l'éliminer comme une variable inopportune, c'est fausser la réalité des interactions sociales. La crise est un élément dynamique, non une erreur de parcours.

Le meilleur moyen de bien gérer une crise, c'est de préparer le terrain pendant les périodes d'accalmie. D'après Mattelart (1979, p. 100-101), la note rédigée par le service de presse du centre national du patronat français à l'intention de ses adhérents, dans la foulée de la montée de la gauche en France, intitulée « Pour mieux informer en période de tension », éclaire un mot d'ordre : « L'accueil que la presse fera en période de tension aux informations venues de l'entreprise sera d'autant moins réticent que celle-ci se fera mieux connaître en temps normal... Le chef d'entreprise ne manquera pas de mettre à profit les manifestations que les organisations patronales sont amenées à organiser à l'intention de la presse : il lui sera possible, ainsi, de nouer des relations personnelles avec les journalistes. La même politique de présence, directe ou indirecte, sera menée auprès des notabilités locales. L'efficacité de l'information aux moments difficiles est directement fonction de l'attitude de plus ou moins grande ouverture adoptée en temps normal. C'est là une notion essentielle, valable aussi pour l'information interne ».

Il apparaît dès lors que pour déterminer le sens de la nouvelle, une bonne argumentation que pourrait développer l'un ou l'autre des partenaires d'une organisation ne suffit pas. Il faut avoir cette sorte de sixième sens que donne l'expérience des communications.

« Il n'en demeure pas moins vrai, qu'en tout état de cause, la règle d'or pour déplacer les journalistes demeure toujours : avoir une bonne information à leur donner » (Rival, 1961, p. 79). Ou encore, avoir de bonnes images à diffuser. Les médias électroniques vont couvrir des événements parfois à cause de leur potentiel d'images.

Le divertissement

L'univers ludique accapare de plus en plus le temps de loisirs de la majorité des citoyens. Que ce soit les spectacles, la télévision, le cinéma, le sport, la lecture, l'industrie du divertissement fonctionne à plein rendement.

Cette industrie crée des événements, des vedettes, des manifestations de tous genres. Elle est suivie autant par une presse spécialisée que par la grande presse et le moindre toussotement de ses héros constitue une nouvelle en soi.

Le monde du divertissement exerce un attrait certain tant auprès du public que des médias. Alors que ceux-ci y trouvent des sources intéressantes de profit, celui-là y construit son imaginaire collectif.

Les faits divers échappent à l'industrie du divertissement mais participent à la pensée profonde des individus (Auclair, 1970). Le sentiment de la mort que rappellent les accidents ramène l'individu à sa condition d'être humain, fragile et vulnérable.

Non seulement cet univers sera bien couvert par les médias, mais les organisations auront tendance à « acheter » le témoignage de ces héros pour endosser leurs produits ou leurs idées.

4.3 Le rôle du communicateur

Dans la prise de décision, dans la définition des stratégies, dans le choix de l'argumentation, le communicateur d'une organisation doit jouer un rôle prépondérant. Pour qu'il puisse s'acquitter de ce rôle, il doit bien connaître son organisation et maîtriser parfaitement toutes les étapes d'une conférence de presse.

La connaissance des activités

Pour être en mesure de proposer un programme de communication à son organisation, le communicateur doit se tenir au courant des activités qui se déroulent à l'intérieur de celle-ci. Et savoir discerner les activités dignes d'intérêt. À cet effet, il devra :

— « être informé des politiques et des décisions prises par les hautes autorités ;

— être informé des documents qui sont rédigés, des recherches, études et travaux en cours de façon à prévoir et à proposer les meilleurs moyens pour les diffuser ;

— dépister, avec la collaboration des autres unités administratives, les projets possibles d'intervention de l'organisation dans le public ;

— participer, à titre de spécialiste en communication, aux travaux d'études et de recherches de certains comités pouvant déboucher sur une conférence de presse ou toute autre activité de communication » (Laliberté, 1981, p. 93) ;

— être à l'affût des événements de caractère humain de nature à intéresser le grand public.

Le communicateur devra donc jouer un rôle plus élaboré qu'un simple metteur en scène de l'information. Il devra être en mesure de travailler sur le contenu des idées, de connaître parfaitement les fondements des politiques qui se dessinent et savoir saisir l'importance des différentes décisions qui affectent son organisation.

Un rôle-conseil

En fait, c'est le rôle-conseil qui définit le mieux sa tâche première. La connaissance du milieu interne et de l'environnement externe lui permet d'être en mesure de conseiller l'organisation sur les décisions à prendre.

Il lui appartient donc de suggérer, lorsque nécessaire, la tenue des conférences de presse, d'évaluer les pressions qui s'exercent sur l'organisation pour rencontrer les médias et de juger des conséquences d'une participation à un débat ouvert avec les journalistes.

Dans des situations délicates, refuser de rencontrer les journalistes peut entraîner des conséquences souvent plus désastreuses que de s'exposer à quelques questions difficiles. Retarder la tenue d'une conférence de presse peut permettre à d'autres partenaires sociaux d'occuper le terrain et de placer une organisation sur la défensive, alors qu'elle pouvait très bien prendre l'initiative d'un débat donné.

Le rôle-conseil ne se borne pas uniquement à décider de l'opportunité et du moment de la conférence de presse. Il implique que le responsable des communications puisse construire des stratégies plus globales parmi lesquelles la conférence de presse ne sera qu'un élément.

Pour une organisation, faire connaître son produit, son idée, son service ne suffit pas. Ces orientations nouvelles doivent tomber en terrain propice et favorable. Or, ce terrain fertile se prépare par des stratégies adéquates. Trop souvent les organisations attendent d'être attaquées pour réagir, alors qu'elles pourraient créer des approches dynamiques de mise en valeur de leurs éléments constitutifs.

La fonction-conseil s'exerce également auprès de tous les partenaires qui interviendront dans l'organisation de la conférence de presse, y compris les autorités supérieures, les porte-parole et les collaborateurs.

Un rôle de coordination des activités

C'est au responsable des communications que revient le rôle de coordonner les différents acteurs et activités de la conférence de presse. « C'est à lui qu'il appartient de choisir à bon escient, avec l'accord de la direction, les interlocuteurs qu'il proposera à la presse, de leur définir ce qu'on attend d'eux dans l'intérêt de l'entreprise. Il assiste à tous les entretiens et intervient quand il le juge utile » (Sainderichin, 1970, p. 84).

Il voit au respect de l'échéancier et prend les décisions qui s'imposent en vue de la réussite de l'événement. Toutes les demandes d'informations relatives à la conférence de presse lui sont acheminées. C'est lui qui sera le responsable, et le seul, des relations avec les médias.

Le responsable des communications sera entouré de divers collaborateurs qui se chargeront, avec lui, de réaliser toutes les étapes de la conférence de presse. Il arrive aussi, à l'occasion, que ce soit la même personne qui doive assumer toutes les tâches. Dans un cas comme dans l'autre, elle doit s'assurer que toutes les responsabilités sont bien définies et distribuées au départ pour éviter le chevauchement des tâches ou les tâches mal attribuées qui laissent des zones grises ou noires.

Le responsable des communications aura donc un rôle continuel de supervision en même temps qu'il lui appartiendra de voir au bon déroulement de l'activité. Il soumettra, à chaque étape, aux autorités pour approbation les différents scénarios touchant les thèmes à aborder, les intervenants à approcher, les médias à inviter.

Une certaine crédibilité

Le relationniste doit entretenir au sein de son organisation et avec les journalistes des relations de sérieux, de professionnalisme et de crédibilité. Il doit voir à établir un climat de confiance.

Son rôle-conseil, ses tâches de coordination ne prendront leur véritable dimension que s'ils sont assis sur une solide réputation. Or, c'est par la connaissance parfaite de son organisation, de ses projets et développements, du contenu de ses activités qu'un bon communicateur forge son autorité.

Pour un relationniste, se contenter d'être un excellent emballeur de contenu fera de lui un très bon collaborateur. Mais tant qu'il ne maîtrisera pas parfaitement le contenu, il ne pourra jamais aspirer à devenir un conseiller écouté.

Le choix de l'atmosphère souhaitée

La nature du message à diffuser, la vocation de l'organisation qui prépare la conférence de presse, l'effet recherché par la rencontre avec les médias influencent directement tant le contenu que l'organisation matérielle et technique de l'événement.

Si l'on attend plus de sobriété d'une conférence de presse d'un ministre que d'une troupe de cirque, il n'y a pas de règles établies et l'effet recherché doit être évalué chaque fois.

Dans certaines circonstances, un gouvernement peut organiser une conférence de presse à grand déploiement. D'un autre côté, un cirque qui traverse une phase critique de son développement aura recours à une certaine sobriété dans sa conférence de presse.

En fait, ce n'est pas le type d'organisation qui fait la différence du ton des conférences de presse, mais bien le sujet traité. Encore faut-il admettre qu'habituellement les personnalités politiques ont tendance à privilégier les manifestations sobres et très fonctionnelles. Alors que le monde du spectacle fait preuve de plus d'originalité.

L'entreprise privée, de son côté, peut plus facilement concevoir des éléments visuels spectaculaires, présenter une conférence de presse colorée et animée et même remettre des objets souvenirs aux journalistes. L'organisation publique, d'un autre côté, est très surveillée et toute initiative originale peut facilement se transformer dans la bouche des critiques en excès inacceptable.

Ce qui n'empêche pas les entreprises privées de tenir des conférences très sobres et les entreprises publiques de se permettre des conférences d'envergure. Tout dépend de l'atmosphère recherchée pour la diffusion du message.

Ce choix doit être arrêté avec beaucoup d'attention, car il colore la substance de la conférence de presse. Les artifices de la conférence ne doivent pas détourner l'attention ni prêter le flanc à la critique.

C'est en vertu de ce choix que plusieurs éléments de l'organisation technique et matérielle seront arrêtés. Le responsable des communications devra donc décider, en concertation avec les autorités, du ton à donner à la conférence et de l'atmosphère qui devra entourer l'événement de presse.

4.4 Le calendrier des activités

Il est important de réaliser un calendrier des activités afin de s'assurer qu'il n'y aura aucun oubli et qu'il existe un responsable pour chaque tâche à réaliser. Cette feuille de route est essentielle. Car plus la conférence de presse approche, plus les activités à surveiller sont nombreuses. Sans cette note d'organisation, des étapes sont facilement oubliées et de précieuses énergies sont investies à combler les retards.

« Le relationniste se doit de préparer un document indispensable à la réussite de l'événement : la note d'organisation. Cette note doit préciser les choses à faire, le nom de la personne et du service chargés de faire cette chose, qu'il s'agisse des gens de la maison ou de fournisseurs externes et les dates d'échéance.

« La diffusion de cette note se fait longtemps à l'avance pour que personne ne puisse invoquer l'excuse d'avoir été averti trop tard de ce qu'on attendait de lui. Une note d'organisation bien conçue garantit pour une part déterminante le succès de la manifestation » (Sainderichin, 1970, p. 116).

Il est donc important de préparer cette note avec soin et de l'expédier à tous les intervenants. Mais ce n'est pas tout de dresser une feuille de route et de nommer des responsables d'activités. Il appartient au responsable de la conférence de presse de s'assurer que chaque élément soit réalisé en son temps et de façon impeccable. Il devient le surveillant des opérations. La feuille de route devra couvrir toute la logistique de l'événement, c'est-à-dire de la préparation des textes et leur impression à la réservation des salles. On trouvera, aux pages ci-après, un modèle d'une telle feuille de route qui peut servir à chaque occasion. Pour chaque tâche, un échéancier est précisé et un responsable dûment nommé.

4.5 La répartition des tâches

Lorsque les tâches sont bien définies, il faut attribuer chacune des opérations du calendrier à une seule personne. Qui fait quoi ? La répartition exacte des tâches entre les différents responsables facilite l'organisation en gardant toujours présent à l'esprit qu'à responsabilité partagée découle une commune négligence. Ce n'est pas tout par ailleurs de confier une tâche à un individu, encore faut-il s'assurer qu'il la mène à bien. Par ailleurs, il peut arriver que deux personnes réalisent les mêmes tâches — comme les réservations de salles — parce qu'on n'a pas désigné de façon claire le responsable de cette activité.

Le responsable des *communications* devra donc prévoir le personnel requis pour la préparation et l'organisation même de la conférence et définir le rôle exact de chacun de ses collaborateurs. À titre d'exemple, il pourra s'adjoindre un responsable de la logistique ; il devra choisir les employés de secrétariat qui devront rester disponibles la veille et tôt le matin de la conférence de presse pour taper les textes, les photocopier et monter les dossiers de presse ; il choisira un chargé de la documentation ; il désignera la seule personne responsable des relations avec les médias ; il nommera les agents d'information qui seront commis à l'accueil des journalistes et à la distribution de la documentation nécessaire ; il retiendra un représentant du journal interne avec son photographe et un technicien pour faire fonctionner les différents appareils nécessaires, s'il y a lieu.

GUIDE DE PLANIFICATION DE LA CONFÉRENCE DE PRESSE

Les tâches	**L'échéancier**	**Le responsable**
LA DATE		
Vérification de l'actualité	_____	_____
Vérification auprès de ses partenaires	_____	_____
Vérification auprès des médias	_____	_____
Vérification à l'interne	_____	_____
LE LIEU		
Choix de la ville	_____	_____
Choix de la salle	_____	_____
Accessibilité	_____	_____
Stationnement	_____	_____
Signalisation	_____	_____
Vestiaire	_____	_____
Grandeur	_____	_____
Audiovisuel	_____	_____
Éclairage	_____	_____
Insonorisation	_____	_____
Température	_____	_____
Aménagement de la salle	_____	_____
Décoration	_____	_____
Fond de scène	_____	_____
Disposition des lieux	_____	_____
Équipement technique	_____	_____
Table du conférencier	_____	_____
Podium	_____	_____
Lutrin	_____	_____
Chevalet	_____	_____
Tableau	_____	_____
Audiovisuel	_____	_____
Truie	_____	_____
Table d'accueil	_____	_____
Table du café	_____	_____
Tables des journalistes	_____	_____
Fumoir	_____	_____
Prises électriques	_____	_____
Matériel divers	_____	_____
Documentation d'appui	_____	_____

Salle secondaire _____ _____
Salle de presse _____ _____
Téléphone, télécopieur _____ _____
Traiteur _____ _____
Sécurité _____ _____
Transport du matériel _____ _____
Contrats de réservation _____ _____
Vérification de la salle _____ _____
Budget _____ _____

LE CONTENU

Le texte principal _____ _____
Le communiqué _____ _____
Les notes du conférencier _____ _____
Les textes d'appui _____ _____
Les photos _____ _____
Le matériel audiovisuel _____ _____
La révision _____ _____
Le dossier de presse _____ _____
Le scénario d'intervention _____ _____

LES INTERVENANTS

Le communicateur _____ _____
Le nombre des intervenants _____ _____
Le conférencier _____ _____
Les conseillers _____ _____
L'animateur _____ _____
Les observateurs _____ _____
Les interventions _____ _____

LA PRODUCTION DU MATÉRIEL

Les documents écrits _____ _____
Les documents audiovisuels _____ _____
Les autres documents _____ _____
Les textes d'appui _____ _____
Les photos _____ _____
Le matériel audiovisuel _____ _____
La révision _____ _____
La pochette de presse _____ _____

LES RELATIONS DE PRESSE

La convocation _____ _____
La liste de presse _____ _____

Les autres invités _____ _____
L'expédition _____ _____
Le rappel _____ _____
Le suivi _____ _____

LE BUDGET

La location _____ _____
Le personnel _____ _____
La production _____ _____
La diffusion _____ _____

LE DÉROULEMENT DE LA CONFÉRENCE

Le personnel requis _____ _____
Les tâches initiales _____ _____
L'accueil des journalistes _____ _____
La remise de la documentation _____ _____
La planification des entrevues _____ _____
Le début de la conférence _____ _____
Le mot de bienvenue _____ _____
L'exposé principal _____ _____
La période de questions _____ _____
Les interviews _____ _____
La réception _____ _____

L'APRÈS-CONFÉRENCE

La permanence _____ _____
Les absents _____ _____
Le suivi des demandes _____ _____
L'analyse de presse _____ _____
Les interviews _____ _____
L'équipement _____ _____
La facturation _____ _____
La mise à jour des listes _____ _____
La revue de presse _____ _____
Les mises au point _____ _____
L'évaluation _____ _____
Les remerciements _____ _____
La stratégie d'appui _____ _____
Le budget _____ _____

Le *responsable de la logistique*, de son côté, doit s'assurer du bon déroulement de la manifestation. Il veille à ce que l'ensemble des opérations se succède au rythme et au moment prévu. Ce n'est pas tant le contenu que l'agencement des diverses activités qui le préoccupe. Ses responsabilités seront plus ou moins grandes selon la taille de l'entreprise. Si celle-ci possède un secrétariat efficace, une direction des communications et un service de comptabilité bien structurés, certaines tâches pourront être assumées par ces gestionnaires. S'il s'agit d'une petite entreprise, sa responsabilité sera accrue et le responsable de la logistique pourrait même être le responsable des communications. Le calendrier des opérations définira toutes ces responsabilités.

Les différentes tâches à effectuer seront précisées dans les pages qui suivent. Il faut rappeler qu'il est préférable de prévoir les activités à réaliser et les personnes qui en auront la responsabilité que de courir à la dernière minute pour combler les oublis et les retards.

Si de petites organisations n'ont pas le personnel requis pour se diviser les tâches et qu'une personne-orchestre doive tout faire, la planification devient encore plus importante pour s'assurer que rien ne sera oublié et que le succès de l'organisation ne dépendra pas de la mémoire seule qui peut avoir ses défaillances.

Cette activité de planification est d'autant plus importante qu'une organisation n'arrête pas de fonctionner parce qu'on prépare une conférence de presse. Et que cette activité s'ajoute à un quotidien déjà bien rempli. Alors pourquoi se priver d'une méthode de travail éprouvée ? Apprendre, par des habitudes de travail rationnelles, à se libérer l'esprit des tâches secondaires pour se consacrer à des activités plus créatrices comme la tâche-conseil ou l'appropriation des contenus de l'organisation constitue un atout supplémentaire pour l'organisateur.

L'organisation d'une conférence de presse repose sur la participation de plusieurs collaborateurs internes et externes et nécessite parfois le recours à une ou plusieurs firmes-conseils selon les travaux à réaliser : firme de relations publiques, firme de graphisme, atelier d'impression.

Le tout doit être sous la responsabilité d'une seule personne, en général le responsable des communications, qui agira d'autorité auprès de tous ceux qui travailleront à la réalisation de la conférence.

Combien de personnes sont requises pour organiser correctement une conférence de presse ? Une personne seule peut y arriver dans certaines conditions minimales ou d'urgence. Mais lorsqu'on aura vu l'ensemble des tâches à accomplir, on se rendra compte que, si une personne seule peut, à la rigueur, organiser une conférence de presse, elle ne peut certainement pas en maîtriser toutes les facettes et la manifestation qu'elle organisera sera certes d'une grande simplicité.

En règle générale, il faut compter sur un secrétariat efficace, donc sur au moins une autre personne. Ce secrétariat peut, la journée même de la conférence de presse, assumer aussi l'accueil des journalistes.

Enfin, dans les conditions normales, il est utile de pouvoir départager les tâches de contenu et de logistique. Si le responsable des communications s'occupe du contenu, le déroulement des activités sera confié à l'un de ses collaborateurs.

Avec ces trois personnes qui gèrent l'une le contenu, l'autre le déroulement des activités et la troisième le secrétariat, il y a là un noyau minimum pour organiser une conférence décente. À ceux-ci devront s'ajouter tous les collaborateurs que les tâches additionnelles requerront.

Après avoir évalué la nécessité de recourir à la conférence de presse, après avoir défini tous les paramètres nécessaires à la réussite de l'événement, se structurent l'organisation matérielle et technique de la conférence et l'élaboration du contenu qui sera diffusé.

4.6 L'organisation matérielle et technique

Sur le plan strictement matériel, l'organisation d'une conférence de presse comprend de nombreux éléments : le choix du jour, de l'heure et du lieu de la conférence, la réservation des salles, de l'équipement et du matériel requis, l'aménagement des lieux même de la conférence ainsi que la disponibilité du personnel requis pour s'assurer du bon déroulement de toute l'opération.

L'importance donnée à l'organisation matérielle ne doit pas être secondaire. Voici un texte qui en dit long sur l'impression qu'une orga-nisation bâclée peut donner aux journalistes qui couvrent un événe-ment. Il s'agit d'un commentaire du journaliste Jean-Pierre Proulx

(1981) sur l'organisation d'une rencontre du Parti libéral du Québec à quelques semaines de sa défaite du 15 avril 1981.

« On se serait attendu, d'abord, à ce que le décor extérieur dans lequel ont évolué les libéraux en fin de semaine exprime ce désir de reprise. Mais quand l'affichage destiné aux militants est le produit du crayon feutre d'une main mal assurée, ceux-ci n'ont pas nécessairement l'impression d'appartenir à un groupe bien organisé. Quand observateurs, journalistes, délégués sont indistinctement mêlés dans la salle des délibérations, les mêmes militants ont quelque difficulté à jauger le poids du vote qui vient de se prendre car les abstentionnistes peuvent mieux se camoufler. Quand le chef du parti est réduit à donner une « conférence de presse » debout dans un hall d'entrée, bousculé par les cameramen et les preneurs de son et entouré d'une meute de libéraux curieux, les militants les plus lucides constatent en observant la scène, que quelque chose ne tourne pas rond. On peut bien trouver que tout cela n'a pas d'importance et que ce joyeux amateurisme est tout compte fait bien sympathique. Il est aussi permis de penser que l'image débraillée que le parti donne de lui-même et surtout se donne à lui-même n'a rien de très stimulant ».

À travers ce texte, on voit combien il est important de soigner les aspects extérieurs tout autant que le contenu. Car ces éléments secondaires peuvent orienter la perception de l'événement.

Dans un éditorial traitant de la façon dont le président américain Bill Clinton avait géré sa rencontre avec le président russe Boris Eltsine, *Le Monde* (1993) précisait que « [l]'emballage joue un grand rôle en politique. L'accompagnement d'un programme ou d'un projet, la façon dont il est présenté, bref la forme compte beaucoup. Mal vendues, les meilleures idées peuvent faire naufrage ».

Le choix de la date

Puisque le principe d'une conférence est d'annoncer une nouvelle, il faut s'assurer qu'à la date retenue tous les éléments seront bien en place. S'il s'agit d'une politique, celle-ci doit être approuvée par les hautes autorités. S'il s'agit d'un produit, la meilleure saison sera choisie pour le lancer. S'il s'agit d'une acquisition, les accords finaux devront être conclus.

Il arrive que certaines organisations soient trop pressées d'annoncer des changements. On a vu une signature de fusion être retardée parce qu'une des parties avait convoqué les médias avant que tout soit terminé. On a vu des ministres annoncer des programmes, alors que les conditions d'admission à ces programmes n'étaient pas encore arrêtées.

Si l'on privilégie une date donnée dans le temps pour tenir la conférence de presse parce qu'elle coïncide avec un événement qui peut renforcer la nouvelle, la mise sur pied d'un échéancier à rebours s'impose de façon à être prêt au moment choisi. Ainsi, une organisation qui veut promouvoir le tourisme au Québec peut décider de profiter du Carnaval de Québec pour annoncer une nouvelle formule de tourisme parce qu'elle voudra tirer profit de la présence des médias étrangers à Québec à ce moment.

Il y a par ailleurs des informations qui ne supportent pas de retard dans leur diffusion car elles risquent de perdre leur dimension de nouveauté.

Enfin, il faut retenir le principe qu'une conférence de presse ne se déplace et ne s'annule que dans des circonstances exceptionnelles et hors de la volonté de l'organisation, comme une tempête ou le décès d'une personnalité qui rend inopportune l'annonce d'une fête. Autrement, le déplacement ou le report de la conférence jette une certaine ombre sur l'organisation. Le Hir et Lemieux (1991) citent le cas de la compagnie Alcan qui a déplacé une conférence du Saguenay vers Montréal pour éviter les contestations ouvrières pendant celle-ci.

On peut retenir quatre critères principaux pour arrêter la date :

◈ *L'actualité*

Dans quelle mesure certains événements déjà annoncés peuvent-ils nuire ou aider à la diffusion de la nouvelle projetée ? Ils peuvent constituer des locomotives ou des freins à la diffusion de certaines informations. Il est souhaitable, par exemple, de profiter d'une semaine thématique pour faire connaître ses succès ou ses doléances dans le secteur d'activité en cause. La société « Québec dans le monde » publie le bulletin « InfoCongrès » trois fois par an dans lequel on trouve les dates des congrès, colloques, salons, expositions, festivals, journées thématiques prévus au cours des 12 ou 24 mois suivants.

Dans certaines rubriques des quotidiens, on fait aussi connaître les conférences, les événements et les manifestations à venir au cours de la semaine.

◈ *La préparation du matériel*

Deux semaines avant la conférence de presse, est-on assuré que tout le matériel de la conférence sera prêt et toutes les facettes maîtrisées ou y a-t-il encore trop d'impondérables à résoudre pour respecter la date retenue ?

« À moins d'une situation d'urgence, vous devez être en mesure de planifier votre conférence de presse au moins deux semaines à l'avance pour vous donner le temps de préparer le matériel et sa présentation par votre porte-parole » (Fédération des Commissions scolaires catholiques du Québec, 1988, p. 49).

◈ *La concurrence*

Y a-t-il une autre conférence de presse prévue la même journée ou la même semaine par une organisation amie ? S'il est difficile de connaître les plans de ses concurrents, il est plus facile de s'informer auprès de ses partenaires si des activités de presse sont prévues aux dates retenues.

Une organisation a déjà tenu deux conférences de presse la même journée parce qu'il n'y avait pas, à l'intérieur de celle-ci, une concertation entre les différents services. Aucune règle par ailleurs ne déterminait qui avait le mandat de convoquer les médias.

On a déjà assisté à des conférences de presse, sur le même thème, par des groupes sociaux partenaires qui dénonçaient, la même journée, des attitudes gouvernementales. En échelonnant leur contestation, ils auraient pu orchestrer un mouvement de protestation. En agissant le même jour, ils ont pratiqué une forme de cannibalisme car une seule nouvelle a paru concernant les revendications des deux organismes.

◈ *La disponibilité des intervenants*

Malgré toutes les attentions apportées à faire un choix rationnel et justifié, il arrive souvent que ce sont les calendriers des intervenants qui déterminent la date. Il s'agit là d'un facteur prépondérant qui se discute peu. S'il peut être relativement facile de choisir une date lorsqu'il n'y a qu'un seul intervenant en cause, tout se complique lorsque la conférence de presse met en présence plusieurs intervenants aux calendriers chargés.

Outre ces quatre balises, le choix de la date est donc extrêmement souple.

Le choix du jour

Le moment pour tenir une conférence de presse est dicté par de multiples facteurs. La signature d'un accord important, par exemple, est arrêtée selon la disponibilité des intervenants. C'est donc ce jour-là seulement que l'action pourra être rendue publique. D'autres impératifs comme l'actualité, la demande incessante d'informations de la part d'un groupe donné peuvent presser la tenue d'une conférence de presse.

Le type même de nouvelles à annoncer peut orienter le choix du jour. Ainsi, le conseil des ministres du Québec se tient le mercredi et, de ce fait, il est possible qu'à l'issue de ce conseil des informations politiques ou gouvernementales soient diffusées. C'est donc une journée à éviter pour un ministère qui souhaite annoncer une politique importante et pour une organisation qui compte sur la présence d'un ministre.

En général, s'il est vrai que le moment de la conférence se conjugue avec la nouvelle à annoncer, dans la majorité des cas, la nouvelle peut s'accommoder de n'importe quel jour de la semaine. Alors, lequel choisir ?

En fait, le jour le plus favorable de la semaine est difficile à préciser et peut varier selon l'actualité, le sujet à débattre et d'autres contingences. Il y a certes des écoles de pensée qui affirment d'emblée que tel jour est préférable à un autre, mais ce n'est pas évident comme nous allons le voir.

L'actualité

L'actualité est remplie d'imprévus et il est certes difficile de prévoir le cours des événements. Mais il y a, par ailleurs, des activités qui sont programmées longtemps d'avance. La visite officielle d'un chef d'État, une activité culturelle de grande envergure accaparent habituellement les manchettes des médias. Ces activités peuvent-elles porter ombrage à la nouvelle projetée ? Y aura-t-il un match sportif important qui risque de perturber la transmission des téléjournaux ?

Est-ce que la nouvelle est assez importante pour affronter une lourde concurrence ? Tenir une conférence de presse dans le domaine culturel le jour d'une élection n'a rien en soi d'incompatible, car on ne concourt pas pour le même espace ; mais il peut aussi arriver cette journée-là que l'espace consacré aux activités culturelles soit réduit pour en libérer davantage pour le politique. En fait, on suggère de ne pas prendre de risque ces journées-là, parce qu'il y a des éléments incertains qui peuvent jouer contre le succès de l'opération projetée.

Il convient donc d'essayer de vérifier si d'autres conférences de presse ont été convoquées pour la même journée, et si elles couvrent le même champ d'activité. Cette vérification peut se faire auprès de journalistes avec lesquels des contacts privilégiés ont été tissés ou auprès d'organisations fédératrices des partenaires du secteur en question.

Ces vérifications sont essentielles. On a déjà vu deux groupes de bénévoles à l'œuvre dans le même champ d'action tenir la même activité, le même week-end, deux années de suite, en s'étonnant de la coïncidence.

Jour de bouclage

Y a-t-il un certain public particulier à rejoindre ? Si oui, ses habitudes de lecture ou d'écoute privilégient-elles certains médias ou certaines émissions ? Ainsi, si l'on souhaite paraître dans un cahier thématique donné d'un quotidien d'un grand centre urbain, il faut connaître la journée de parution de ces cahiers et savoir qu'ils sont parfois préparés quelques jours, voire quelques semaines d'avance et non pas nécessairement la veille. Il en est de même des suppléments de fin de semaine.

En région, les médias électroniques ont des éditions d'information tous les jours, encore que certains d'entre eux n'en produisent pas ou peu le week-end. Et les hebdomadaires ont une journée de bouclage bien arrêtée.

Si certains hebdomadaires ou certains mensuels comme les revues spécialisées constituent des canaux exceptionnels pour rejoindre le public cible visé, la connaissance de leur calendrier de production s'impose.

Enfin, certaines émissions, comme les talk-shows, sont parfois enregistrées quelques jours d'avance et diffusées en différé. S'il est souhaitable d'attirer l'attention des recherchistes de ces émissions, quelques jours de préavis s'imposent.

Néanmoins dans les grands centres, compte tenu que les principaux médias d'information jouissent d'une diffusion quotidienne, la question du jour de tombée reste somme toute un élément secondaire. Il n'en est pas de même en région, où le poids des hebdomadaires est important dans la diffusion des informations.

La portée

Si l'on organise une conférence de presse, c'est dans le but de rejoindre le plus grand nombre de personnes. Or, les médias n'atteignent pas tous le même nombre de personnes selon les différents jours de la semaine. Les quotidiens du samedi ont habituellement tous une couverture plus étendue que durant la semaine, alors que le dimanche, les tirages diminuent.

Les quotidiens du mercredi et du samedi ont des volumes plus importants que ceux des autres jours et, de ce fait, le temps de lecture est plus long. À la radio et à la télévision, l'écoute des bulletins d'informations est plus active en semaine que pendant le week-end, par exemple.

Une certaine logique voudrait qu'on vise des journées de grand tirage ou de grande écoute pour atteindre le plus grand nombre de gens. Mais cet avantage est contrarié par deux éléments. Ces jours-là, l'accès aux médias est plus couru et la concurrence avec d'autres intervenants qui veulent aussi voir diffuser leur information cette même journée est grande. De plus, les médias écrits sont habituellement plus volumineux parce qu'ils recueillent plus de publicité ces journées-là. Ce qui veut dire que l'information est noyée dans une multitude d'autres nouvelles.

En règle générale toutefois, on ne comprend pas toujours que ces données de couverture et de portée peuvent avoir une incidence sur la diffusion de l'information. *La Presse*, par exemple, tire 125 000 copies de plus le samedi que les jours de la semaine. Trop souvent, la satisfaction d'avoir réussi à attirer l'attention des médias fait oublier qu'on aurait pu faire mieux au chapitre des personnes rejointes.

La stratégie

Lorsqu'une nouvelle est délicate, comme une fermeture d'usine, certains jours de la semaine se prêtent mieux à la diffusion. Ainsi le mercredi, il y a de très nombreuses activités de toute nature qui se nichent dans les médias. Une nouvelle peut passer plus facilement inaperçue dans un tel tourbillon de nouvelles que si elle est diffusée le lundi où elle risque de se retrouver à la une.

Jours de la semaine

Passons donc en revue chaque jour de la semaine en essayant de voir les avantages et les inconvénients d'y tenir une conférence.

◆ Dimanche :

Les jours fériés, les effectifs des salles de rédaction sont réduits au strict minimum. Il y a moins de personnes disponibles, quand il y en a, pour couvrir les différents événements. Et très souvent, les journalistes ne peuvent sortir car ils doivent assurer une certaine permanence et préparer les éditions d'information du soir ou du lendemain. Seule une nouvelle exceptionnelle réussira à déplacer les journalistes. On ne peut même pas se dire que, puisque la compétition pour occuper l'espace est si peu forte, les chances de déplacer un journaliste sont meilleures. Le dimanche, on ne sort pas.

De quoi sont faits alors les bulletins de nouvelles du dimanche soir et les médias du lundi ? Des dépêches d'agence. C'est ce qui explique que les nouvelles internationales prennent de l'importance durant le week-end.

◆ Lundi :

On considère le lundi comme une journée creuse dans les médias. C'est le début de la semaine, il y a comme une lenteur à démarrer la machine à information. L'Assemblée nationale ne siège pas. Peu de matches sportifs sont à l'affiche. Les salles de spectacle font relâche. Les activités sociales sont réduites au minimum. Enfin, on récupère du week-end.

C'est donc une journée idéale pour organiser une conférence de presse puisque le champ est libre et tous les journalistes sont à leur poste. De plus, comme la majorité des gens restent à la maison, l'information diffusée cette journée-là atteint un large auditoire. Et les quotidiens du lendemain répercutent la nouvelle.

Toutefois, il y a trois ombres au tableau : la première, c'est que l'organisation finale de cette conférence de presse devra se faire trois jours auparavant, soit le vendredi. Or, le vendredi, plusieurs journalistes qui pratiquent la semaine de quatre jours sont absents des salles de rédaction. Parfois même, l'équipe affectée à la réalisation des informations pendant ces trois jours est différente de celle qui commence le lundi. Il y a donc le risque d'un oubli de la convocation. Pour contourner cette difficulté, on peut faire les rappels téléphoniques le lundi matin en prenant soin de tenir la conférence de presse à la fin de l'avant-midi ou dans l'après-midi.

La deuxième, c'est que, pour l'organisation, la mise au point finale de tous les éléments de la conférence de presse peut poser problème durant le week-end. Les employés et les patrons sont moins disponibles. Ceci oblige donc l'organisation à préparer la conférence longtemps d'avance. Or, c'est habituellement dans les deux jours précédant la conférence de presse que tout s'articule. Un certain instinct de conservation pousse donc les organisations à ne pas privilégier cette journée, encore qu'elle puisse être tout indiquée.

La troisième concerne les médias écrits du lendemain. Le lundi, comme le mardi, il y a moins de publicité dans les quotidiens, ce sont donc des jours maigres. Et de ce fait, il y a moins d'espace consacré à l'information. Pour paraître le mardi, l'information devra se tailler une place plus serrée. Ce problème ne se pose pas toutefois dans les médias électroniques.

◈ Mardi :

Les activités de la semaine reprennent dans tous les secteurs de la société. Les équipes sont en place dans les médias. Et dans les organisations, chacun a pu lancer la semaine de travail. Il existe donc une certaine disponibilité de part et d'autre pour une rencontre efficace. À ce titre, le mardi est une journée idéale, d'autant plus que les quotidiens du lendemain sont volumineux (de publicité) et consacrent alors beaucoup d'espace à l'information. Les chances d'accès aux médias écrits sont donc plus grandes. Par ailleurs, le public ne bouge toujours pas trop de la maison et constitue donc un auditoire fidèle aux bulletins d'informations.

Toutefois, comme beaucoup d'organisations la choisissent pour organiser des conférences de presse, les journalistes sont extrêmement sollicités et les chances de les attirer sont amenuisées.

◆ Mercredi :

C'est le milieu de la semaine. Tout tourne rapidement. La vie a repris son rythme accéléré. Il n'y a rien qui puisse empêcher la tenue d'une conférence de presse. C'est une journée idéale. Tellement idéale qu'encore ce jour-là beaucoup d'organisations la retiennent pour tenir leur conférence de presse. Il s'agit là toutefois d'une donnée incontrôlable.

Le mercredi demeure alors une excellente journée à retenir, à l'exception peut-être des nouvelles de politique provinciale qui peuvent être banalisées par des décisions du conseil des ministres.

◆ Jeudi :

C'est la dernière journée de la semaine où toutes les équipes des rédactions et des salles de nouvelles sont encore en place, alors que la pression du week-end ne se fait pas encore sentir. C'est donc une autre journée idéale pour convoquer les médias.

◆ Vendredi :

C'est la journée de la dernière chance pour ceux qui tenaient à faire connaître leur point de vue, au cours de la semaine. Toutefois, les effectifs habituels ne sont pas tous présents dans les salles de rédaction et de nouvelles et la fin de la journée arrive vite le vendredi. C'est donc une journée de dernier ressort, et ce, d'autant plus qu'avec le week-end qui s'annonce l'écoute des bulletins de nouvelles diminue.

Si le sujet est délicat et demande une certaine connaissance en profondeur, tout journaliste ne peut en traiter avec la même compétence. Comme le vendredi est jour de congé pour nombre d'entre eux, mieux vaut s'assurer de la disponibilité du journaliste qui couvre ce secteur d'activité avant d'arrêter le jour de la conférence.

Le vendredi donne toutefois accès au journal du samedi, celui qui est le plus volumineux de la semaine et qui permet donc un temps de lecture plus long. Lorsque l'on sait que certains quotidiens augmentent jusqu'à 30 % leur tirage du samedi, s'il est important d'atteindre particulièrement les lecteurs de journaux, il y a là une indication sérieuse pour organiser la conférence le vendredi. C'est le cas, par exemple, de tout le domaine des arts et spectacles qui reçoit une couverture particulière le week-end et où les gens peuvent trouver dans certaines rubriques l'ensemble des activités culturelles à l'affiche. Encore faut-il se souvenir que les cahiers thématiques sont préparés quelques jours d'avance, voire une semaine ou deux à l'avance.

◈ Samedi :

Il s'agit d'une journée à éviter pour convoquer les médias. L'écoute des bulletins d'informations du soir et la lecture des médias du lendemain ne touchent qu'une faible portion de la population. Le personnel est réduit dans les salles de rédaction.

Hilton (1987, p. 120) raconte par ailleurs que Ralph Nader avait l'habitude de convoquer ses conférences de presse le samedi matin, dans les années 60, parce qu'il y avait peu de concurrence des autres médias, et parce qu'il avait habituellement des nouvelles intéressantes.

À vrai dire, à l'exception du week-end, tous les jours de la semaine sont bons, avec chacun ses avantages et inconvénients. Et s'il y a des journées avec davantage de consommateurs de nouvelles, il y a moins de facilité pour obtenir de l'espace/temps.

L'arbitraire

Dans quelques organisations, toutes les décisions sont prises par la haute direction et ne se discutent pas. Il en est alors de même pour la pertinence et la date de la tenue de la conférence.

Le responsable des communications peut bien faire valoir son point de vue ; on l'écoutera certes, mais on maintiendra la date choisie parce qu'elle correspond à d'autres impératifs d'horaire ou à des considérations diverses auxquelles le service des communications n'a pas accès.

EN RÉSUMÉ, vouloir établir des règles fixes pour déterminer la journée idéale de la semaine pour tenir une conférence de presse est méconnaître les contingences qui entourent la préparation d'une telle activité. Mais la connaissance de certaines balises, comme celles que nous avons indiquées, peut éviter des désagréments d'un mauvais choix.

Le choix de l'heure

Le choix de l'heure dépend de trois facteurs : la nouvelle, la stratégie adoptée et les contingences des médias.

La nouvelle

En fait, la nature de la nouvelle peut imposer une heure donnée. Si une conférence de presse doit suivre un événement en particulier, il faudra donc attendre la fin de l'événement. Il en est ainsi des accords signés entre deux partenaires, d'un match sportif ou d'une rencontre entre deux chefs de délégation.

Dans ces circonstances, il arrive que les journalistes doivent faire le pied de grue pendant des heures attendant que l'événement se termine. Ils le savent et ne quitteront pas les lieux puisque la nature de l'événement exige qu'ils soient présents.

La stratégie

L'heure de la journée varie selon la stratégie arrêtée. Pour obtenir une couverture maximale, l'avant-midi est idéal. Une nouvelle annoncée le matin pourra être diffusée aux bulletins radio de midi, répétée à toutes les heures de la journée, intégrée aux bulletins de télévision pendant la soirée et reprise le lendemain dans les quotidiens. Si la nouvelle justifie toute cette couverture, tenir la conférence de presse le matin s'impose.

Par ailleurs, si l'objet de la conférence est controversé, et qu'il est utile de ne pas laisser aux opposants le temps de réagir, il est préférable de tenir la conférence de presse à la fin de l'après-midi de façon à limiter le temps de réaction de ces adversaires. À titre d'exemple, si le ministre de l'Éducation annonce à 11 h le matin une mesure qui déplaît aux enseignants, il y a de fortes chances que ceux-ci réagissent la journée même. La nouvelle du soir ne sera plus l'annonce du ministre, mais la contestation qu'a soulevée sa décision.

S'il est important qu'une nouvelle vise les médias écrits, il est préférable de tenir sa conférence plus tard dans la journée de façon à ne pas la banaliser par une couverture électronique trop forte. Il faut rappeler que dans certains secteurs l'écrit a plus de poids que l'électronique parce qu'il reste comme référence.

On raconte qu'on a précipité la mort du roi Georges V (Dagenais 1990, p. 122) pour ne pas manquer l'édition du matin des journaux.

Les médias

Chaque média à ses contraintes propres de production et les journalistes ont certaines habitudes de travail. À partir de ces éléments, voyons donc les avantages et les inconvénients de choisir une heure plutôt qu'une autre.

◈ Le petit déjeuner

Tenir des rencontres au moment du petit déjeuner est une nouvelle mode parfaitement acceptée. Les journalistes s'y prêtent volontiers, car ceci leur permet de convertir un moment mort de la journée en temps fructueux. De plus, comme c'est une pratique récente et encore peu utilisée, il y a rarement conflit d'horaire avec une autre activité. Enfin, les journalistes sont, en principe, en grande forme à cette heure-là, car ils n'ont pas subi encore les frustrations de la journée.

Il y a toutefois un certain risque à cette heure matinale pour deux raisons. D'abord, les journalistes ont l'habitude, le matin, de lire les journaux de façon à saisir le pouls de l'actualité. En deuxième lieu, les journalistes ne fonctionnent pas tous au même rythme le matin et certains ont besoin de plus de temps pour trouver leur vitesse de croisière de la journée.

Du côté de l'organisation, la tenue d'une conférence tôt le matin exige une préparation plus serrée. On n'a plus les premières heures de la journée pour mettre au point les derniers textes comme cela se produit souvent. Tout doit être prêt la veille, même les rappels auprès des journalistes.

❖ 9 h

Il faut retenir que tenir une conférence de presse trop tôt le matin ne laisse pas assez de marge de manœuvre à l'organisation et aux journalistes et encourage les retards. C'est une heure à déconseiller.

❖ 10 h

C'est l'heure idéale si le but est de profiter de l'ensemble des bulletins des médias électroniques de la journée. Les journalistes peuvent assister à toute la conférence de presse sans se sentir bousculés à la fin de celle-ci pour aller préparer leur topo pour le bulletin de midi.

Les organisateurs ont tout le temps voulu pour voir aux derniers préparatifs. Et comme c'est la première activité du matin des journalistes, ils sont en pleine forme.

❖ 11 h

C'est presque un peu tard pour viser les bulletins d'informations de midi. La conférence de presse prévue pour 11 h commencera avec dix ou quinze minutes de retard. Après la présentation liminaire qui peut durer 15 ou 20 minutes, la période de questions qui peut durer aussi 15 ou 20 minutes, les journalistes de la presse électronique ont moins de temps pour faire les interviews pour le bulletin de nouvelles de midi.

Outre cette contre-indication, c'est une bonne heure pour tenir une conférence de presse. Encore faut-il prendre en considération que les journalistes peuvent avoir programmé un déjeuner ce midi-là et être pressés de partir tôt après la conférence.

❖ 12 h

Si des contraintes d'horaire nécessitent la tenue d'une conférence de presse à l'heure du déjeuner, il faut alors prévoir un léger repas. Ce qui augmente les coûts et complique l'organisation. En certaines occasions, ceci attire quelques journalistes de plus si l'invitation mentionne qu'un repas sera servi, mais n'assure pas une plus grande couverture de presse.

On choisit l'heure du déjeuner en deux occasions : si le programme du porte-parole principal ne lui laisse aucun autre choix ; ou si l'on veut donner un caractère un peu social à l'événement.

◈ 13 h

C'est un peu tôt au début de l'après-midi. C'est l'heure du déjeuner pour tout le monde. En choisissant cette heure, autant les journalistes, les techniciens que les membres de l'organisation peuvent se sentir bousculés.

◈ 14 h - 15 h

Il s'agit d'un créneau intéressant. Les journalistes ont eu tout le temps de déjeuner, de repasser dans leurs salles de nouvelles ou de rédaction pour s'assurer qu'il n'y avait pas de nouvelles urgences, et ils auront tout le temps voulu pour préparer les bulletins de nouvelles, pour les journalistes de la presse électronique, et leurs articles pour les journalistes de la presse écrite avant la fin de leur journée de travail.

◈ 16 h

C'est vraiment l'heure limite pour les bulletins de 18 h. Si la conférence dure environ une heure, on doit ensuite compter le temps des déplacements en fin d'après-midi, le temps de préparation des textes ou de montage avant la fin de la journée pour ces journalistes. Si la conférence dure longtemps, le journaliste risque de ne pas avoir le temps de faire le montage et le topo requis. De plus, c'est aussi la fin de la journée pour l'équipe de journalistes qui, comme tous les travailleurs, ont droit à leur temps de repos. C'est donc un moment à éviter, si possible.

◈ 17 h

C'est trop tard pour viser les bulletins de début de soirée. Et souvent les journalistes sont en train de mettre la dernière main à ces bulletins. Il y a donc un risque de recevoir une réponse timide à l'invitation. Toutefois, à partir de la fin de l'après-midi, il reste peu de temps aux adversaires et concurrents pour réagir.

◈ Dans la soirée

Il est tout à fait déconseillé de tenir des conférences de presse en soirée, à moins que ce ne soit l'actualité qui le dicte. S'il est vrai qu'on peut procéder à des lancements, ouvertures ou inaugurations en présence de journalistes le soir, il s'agit là davantage d'événements qui attirent les médias que de simples conférences de presse.

Le choix du lieu

Le lieu de la conférence de presse peut également influencer la date de sa tenue. En effet, le lieu où se tient la conférence de presse exprime déjà un premier message. Veut-on donner une impression de réussite ou de difficulté ? Veut-on imposer une image de richesse ou d'austérité ?

Si un endroit donné a une valeur de symbole importante pour l'organisation, est-il disponible au moment où elle veut tenir sa conférence ? Sinon, elle doit se replier sur un autre local ou changer de date.

Le choix des lieux dépend donc de la nouvelle à annoncer et du type d'organisation qui convoque la conférence de presse. Ainsi, il serait discordant pour un groupe populaire de se retrouver dans un hôtel prestigieux ; tout comme on voit mal une importante compagnie tenir une conférence de presse dans une salle paroissiale.

L'évaluation de l'endroit où se tiendra chaque conférence de presse doit se faire minutieusement. Et le choix final doit refléter l'image qu'on veut laisser dans la tête des journalistes. Tixier-Guichard et Chaize (1993, p. 41) rappelle à cet effet que Perrier n'a pas très bien réussi sa tentative de séduction des médias lorsque cette firme dut gérer la présence du benzène dans ses bouteilles d'eau minérale. « Le manque de préparation de cette conférence de presse tenue dans un lieu peu adéquat, le choix des intervenants pour le groupe — notamment celui de l'expert peu convaincant — seront plus tard mis au débit de la communication initiale de Perrier ».

Certaines règles peuvent être toutefois avancées.

La ville

On tient habituellement les conférences de presse dans la ville où se déroule l'événement, où loge le siège social. Mais cette situation supporte quelques exceptions qui reposent toutes sur le fait que certaines organisations visent une couverture plus grande ou différente que celle que leur offre leur ville d'attache.

Ainsi un ministre du gouvernement du Québec peut vouloir lancer un nouveau programme pour les investisseurs à Montréal. Une compagnie, dont le siège social est à l'extérieur des grands centres, peut décider de tenir une conférence de presse dans la ville d'importance la plus proche. Il faut se souvenir, toutefois, que les journalistes ne peuvent facilement quitter un certain rayon autour de leur base. Il est alors préférable pour une organisation de se déplacer, plutôt que de risquer de se retrouver devant une salle vide. Une manifestation comme le Festival de jazz de Québec peut désirer sensibiliser la population de Montréal ou de New York à ses activités et décider d'organiser dans ces villes une conférence de presse pour le lancement de sa programmation.

Lorsqu'il existe des associations nationales qui ont de multiples antennes sur le territoire du Québec, il est bon d'alterner d'une année à l'autre l'endroit où tenir sa conférence annuelle, de façon à bien traduire la diversité régionale de l'organisation.

Pour obtenir une couverture nationale, il est préférable en tout temps de tenir la conférence à Montréal. Sur le plan politique, avec l'existence de la presse parlementaire, Québec permet aussi d'avoir une couverture nationale, bien que les journalistes de la Tribune de la presse soient affectés aux affaires politiques.

La conférence de presse à distance

La technologie moderne permet aujourd'hui de tenir des conférences de presse à distance, soit par téléphone ou par télévision. La décision de tenir une telle conférence nécessite réellement une annonce nationale ou régionale très importante pour se lancer dans une telle opération.

La conférence de presse téléphonique repose sur le même principe que les conférences téléphoniques. Les compagnies de téléphone peuvent mettre en contact différents partenaires très facilement. Mais il faut prévoir un lieu central de la conférence et une organisation très précise pour éviter les interférences des différents interlocuteurs qui voudraient parler en même temps.

Pour la conférence télévisuelle, il faut avoir recours à une organisation plus sophistiquée. Certaines salles sont aménagées de façon adéquate. Mais les journalistes doivent alors se déplacer.

Centre-ville

À l'intérieur des villes, s'impose un endroit facilement accessible qui réduira les déplacements des journalistes. Le temps qu'un journaliste dépense à se rendre et à revenir d'une conférence de presse est improductif. Et parfois, celui-ci peut être indisposé par ces déplacements inutiles. Entre deux manifestations d'égale importance, il n'est pas exclu que le choix se porte sur celle qui exige le moins d'investissement inutile.

Il existe plusieurs catégories d'endroit où l'on peut tenir une conférence de presse.

Siège social

Il est toujours indiqué de tenir la conférence de presse dans les locaux même de l'organisation qui la prépare. Ceci permet aux médias de partager l'image matérielle que l'organisation veut donner d'elle-même. L'entreprise doit alors posséder des salles qui peuvent être aménagées adéquatement.

Lorsque, au cours de la conférence de presse, il est question d'éléments qui peuvent se voir, comme des équipements, lorsqu'on veut parler de nouvelles façons de faire qui peuvent se montrer, il est toujours intéressant de tenir la manifestation sur les lieux même où se trouvent les éléments intéressants.

De plus, dans des situations délicates sur le plan financier, il est de bon ton de montrer qu'on utilise les ressources disponibles de l'organisation plutôt que de s'engager dans des dépenses de réservation de salles — somme toute minimes — mais qui ont valeur de symbole.

À l'inverse, lors d'un conflit de travail, il peut être préférable de ne pas tenir de conférence de presse sur les lieux du travail pour ne pas indisposer les travailleurs d'une part ; d'autre part surtout, pour ne pas voir la conférence perturbée par une certaine forme de contestation. C'est ainsi que, devant les craintes de contestation du syndicat, la conférence annonçant le projet de l'ouverture de l'usine Laterrière d'Alcan au Saguenay fut déportée de Chicoutimi vers Montréal 48 heures avant sa tenue (Le Hir et Lemieux, 1991).

Le siège social d'une organisation constitue une carte de visite, il a été choisi compte tenu de l'image que l'organisation veut projeter (Dagenais, 1991) et il est tout à fait normal d'exploiter cette image. Par ailleurs, si ce siège social est très éloigné des centres urbains, il vaut mieux alors se rapprocher de la zone d'activité des journalistes.

Les hôtels

La majorité des hôtels possèdent d'excellentes salles de réception qui servent régulièrement aux conférences de presse. Ce sont des endroits neutres, dépersonnalisés, qui peuvent donc être utilisés par n'importe quel type d'organisation. Encore faut-il savoir qu'une conférence de presse convoquée au Ritz Carlton à Montréal possède une valeur ajoutée à celle convoquée au Holiday Inn par exemple.

À côté des hôtels, il y a un certain nombre de salles adéquates dans les grands centres comme le Palais des congrès à Montréal, qui peuvent être louées pour tenir des conférences de presse.

Quel hôtel retenir ? Celui qui correspond le mieux à l'image que l'organisation veut donner d'elle-même. Pour un jeune communicateur qui réussit mal à évaluer l'image perçue des hôtels, il peut essayer de savoir où les groupes de même nature que le sien tiennent habituellement leur conférence de presse. Avec le temps, on finit toutefois par dresser une liste personnelle d'endroits et par développer certaines préférences.

Les restaurants

Plusieurs restaurants, auberges ou salles de réception peuvent facilement accueillir une conférence de presse. Souvent ces établissements possèdent des salles en retrait ou à l'étage qui servent, comme les salles d'hôtel, à de multiples fins.

Certains types d'activités, comme des activités sportives ou sociales, s'accommodent très bien de ce genre de salle. Tout dépend de l'image que projette l'endroit retenu. Il existe ainsi des auberges ou restaurants très modernes, d'autres plus anciens ; certains sont situés dans des quartiers d'affaires, d'autres plus en périphérie.

À l'extérieur

Pour différentes raisons, on peut désirer tenir la conférence de presse en plein air. Le thème peut s'y prêter comme pour annoncer des produits d'extérieur ou inaugurer une activité de plein air, par exemple.

Dans ces circonstances, il faut se souvenir qu'on ne peut contrôler ni la pluie ni le vent et qu'un endroit de repli devra être prévu. Autrement, la conférence de presse peut devenir une catastrophe.

Se rappeler également que le vent peut diriger le son dans le sens contraire des invités, que le bruit de la circulation peut étouffer tous les discours, que les klaxons d'un automobiliste impatient, les signaux d'avertissement de recul d'un camion sont source de désagréments.

Lieu original

L'originalité d'un lieu peut par ailleurs attirer les journalistes. Au milieu des années 60, Radio-Canada avait annoncé sa programmation annuelle à bord d'un bateau qui partait de Montréal vers l'Europe, avec escale à Québec pour descendre les journalistes. À Québec, quelques conférences de presse se tiennent à bord du bateau de croisière Louis Jolliet. À la fin des années 80, une firme de Montréal avait réservé le Concorde faisant escale pour quelques heures à Mirabel et avait invité journalistes et amis à célébrer son 40e anniversaire de fondation du haut des airs.

Toutes les conférences de presse ne se prêtent pas à de tels exercices d'imagination. Mais il est toujours intéressant de savoir qu'une idée originale crée un attrait supplémentaire auprès des journalistes.

Les salles polyvalentes

Certains organismes possèdent des salles adéquates et les louent ou les mettent à la disposition de certains groupes. Il s'agit de salles destinées à des groupes nantis, ou alors à des groupes communautaires.

Pour les groupes nantis, on pense à certains clubs sociaux de Montréal ou de Québec dont le nom seul traduit un certain élitisme. D'autres salles sont habituellement utilisées par des groupes communautaires, se louent à des tarifs moindres que les salles des hôtels et traduisent bien le caractère populaire des organisations qui les utilisent.

Le stationnement

Peu importe l'endroit retenu, des espaces de stationnement doivent être prévus pour les journalistes et les indications pertinentes doivent être précisées dans l'avis de convocation. Ainsi, dans certains sièges sociaux, tous les stationnements à proximité des portes d'entrée sont réservés au personnel de direction. Il est utile alors de libérer des places le jour de la conférence. Le stationnement est-il limité à soixante minutes autour de l'édifice choisi ? Il faut alors prévoir une solution pour les journalistes.

Les services annexes

Quel que soit le lieu choisi, des services utiles, comme ceux énumérés ci-dessous, doivent être accessibles.

— Service de traiteur,
— Aménagement des salles,
— Vestiaire,
— Stationnement,
— Audiovisuel,
— Réception des marchandises,
— Facturation,
— Téléphonie,
— Signalisation.

Le répertoire

Il faut apprendre à repérer les salles avant d'en avoir besoin et à monter un répertoire des salles disponibles qui correspondent à l'image de l'organisation. Un organisme populaire, par exemple, connaît-il les organisations mieux nanties à l'œuvre dans le même secteur d'activité et qui possèdent des salles ? Elles les mettent souvent à la disposition de groupements de même nature. Pensons aux centrales syndicales pour des groupes de travailleurs, à l'Institut canadien d'éducation des adultes pour des groupes populaires d'éducation.

Huot (1994, p. 75) suggère d'inscrire « les avantages et les désavantages » de chacun des établissements selon les besoins de l'organisation. Ceci facilite la prise de décision d'opter pour une salle en particulier.

La réservation

Quel que soit le type d'endroit retenu, il ne faut jamais présumer qu'une salle y sera disponible au moment d'arrêter la date de la conférence. Il faut donc, le plus tôt possible, retenir une salle, sous réserve de confirmation dans les jours ou semaines qui suivent. Si l'établissement ne peut vous confirmer la réservation d'une salle à la date projetée, vous devez, si le lieu vous tient à cœur, soit changer la date, soit vous mettre en liste d'attente en espérant qu'une réservation sera annulée. Le cas échéant, il faut prévoir de toute façon un lieu de rechange.

Le choix de la salle

Lorsque le choix du lieu de la conférence de presse est arrêté, il est important d'y trouver la salle la plus appropriée. Aux sièges sociaux, la salle du conseil d'administration, le hall d'entrée ou l'une ou l'autre salle de conférence peuvent être utilisés. Dans les hôtels et restaurants, il y a parfois de multiples salles disponibles. Retenons que ce qui a été dit pour le statut du lieu s'applique également pour la salle. Dans les hôtels par exemple, tout comme il y a toute une catégorie de chambres, de la plus simple à la suite luxueuse en passant par l'étage des VIP, il existe différentes salles de conférence. Quelle est celle qui correspond le mieux à l'image que l'on veut donner et qui ne présente pas des éléments incongrus avec la nouvelle à annoncer ? À titre d'exemple, une salle défraîchie n'est pas recommandée s'il est question d'organiser une opération de prestige. Les lieux doivent être accueillants et permettre par ailleurs le déroulement d'une conférence de presse en respectant les points suivants.

L'accessibilité de la salle

La salle devra être facilement accessible. Au besoin, il importe de mettre des indications claires dans l'édifice pour que les journalistes puissent s'y retrouver. Toute signalisation témoigne du professionnalisme de l'organisation. Les flèches au crayon feutre et les pancartes faites par un graphiste reflètent deux images différentes.

Avant une conférence de presse, il faut emprunter toutes les entrées et s'assurer que, peu importe celles que prendront les journalistes, ils pourront facilement trouver la salle. Il est toujours frustrant de tourner en rond pendant dix minutes avant de trouver le lieu cherché.

La salle doit pouvoir être repérée facilement. Dans certaines circonstances, les salles ont des noms, mais ceux-ci n'apparaissent pas à la porte.

L'avis de convocation doit donc préciser l'endroit exact, avec le nom de la porte et l'étage s'il y a lieu.

La grandeur

Il est important de trouver la salle la plus appropriée, ni trop grande ni trop petite, afin que les journalistes ne s'y sentent pas perdus ou entassés. Il vaut mieux donner l'impression qu'il y a beaucoup de monde dans une petite salle que peu de monde dans une grande salle. Il faut donc éviter de louer des salles trop grandes.

Une salle petite peut donner l'impression d'une conférence très courue. Mais dans ce cas, la salle ne doit pas être composée de « touristes », mais bien de journalistes et de gens essentiels au déroulement de la conférence de presse. On qualifie de touristes les personnes qui sont venues voir la conférence de presse et qui n'y jouent aucun rôle. Ils proviennent souvent des organisations elles-mêmes ou des organisations amies.

Il est préférable de prendre des salles fermées car on peut plus facilement contrôler les mouvements autour de la salle. Lorsque la conférence se fait au siège social par exemple, il arrive qu'on procède dans une pièce à aire ouverte. La circulation autour du hall d'entrée où peut se tenir la conférence est toutefois difficile à contrôler.

« La salle devrait être de dimension moyenne, sinon vous perdrez votre monde dans une salle trop grande et vous l'étoufferez dans une salle trop petite » (Communication-Québec, s.d., fiche n° 6).

L'audiovisuel

Si une présentation audiovisuelle est requise, la salle choisie doit disposer des équipements requis ou pouvoir les recevoir sans problème. Transporter un magnétoscope et un téléviseur, un rétro-projecteur ou un écran constitue une corvée qui s'ajoute au transport de la documentation habituelle. Il est plus intéressant de vérifier si ces équipements sont disponibles sur les lieux même.

Il convient donc dans ces cas de choisir une salle qui se prête bien à toute présentation audiovisuelle et qui possède le matériel requis. Pour certaines projections, comme les diaporamas, il faut avoir la possibilité de baisser l'intensité de la lumière, par exemple.

Il est utile de savoir s'il existe dans cette salle une chaîne stéréo intégrée ou s'il faut apporter ses micros et haut-parleurs.

En certains endroits, il n'est pas permis d'utiliser d'autre matériel que celui fourni et loué par les gestionnaires de la salle.

Le vestiaire

Il faut prévoir, selon les saisons, des vestiaires appropriés tout près de la salle de conférence. Lorsque les journalistes arrivent et doivent utiliser les chaises pour déposer leurs manteaux et laisser leurs bottes autour de la salle, lorsque les imperméables mouillés s'empilent dans un coin de la salle, ceci dénote une mauvaise organisation et donne une impression de laisser-aller.

Par ailleurs, y a-t-il des toilettes près de la salle de conférence et les organisateurs savent-ils où elles se trouvent ? C'est souvent la première question que certains invités posent en arrivant.

L'éclairage

Le conférencier doit avoir assez de lumière pour lire facilement son texte. Et les journalistes ne doivent pas être plongés dans la pénombre, car il leur devient difficile de prendre des notes ou de lire la documentation remise.

Par ailleurs, certaines salles sont complètement vitrées et donnent une luminosité éclatante qui dérange les conférenciers et les journalistes et perturbe le travail des photographes et des cameramen. Dans ces cas, on doit disposer de rideaux pour pouvoir tamiser la lumière.

Toutes ces questions doivent être vérifiées au moment de choisir la salle. C'est pourquoi son choix se fera à peu près à l'heure où se tiendra la conférence de presse de façon à vérifier les conditions réelles de l'environnement.

L'insonorisation

Il est toujours désagréable au moment de la conférence de presse de s'apercevoir que des bruits divers ou des parasites sonores viennent perturber le déroulement de la manifestation. Ces bruits peuvent provenir de diverses sources comme les suivantes :

— certains établissements diffusent de la musique dans les différents haut-parleurs disséminés un peu partout dans les corridors et les salles. Il se peut qu'au moment de la visite des lieux la musique ne soit pas en ondes. Mais il est très désagréable, pendant une conférence de presse, d'entendre soudainement cette musique venir de nulle part. Et retrouver la personne responsable de cette ambiance amicale n'est pas toujours facile. Il faut donc s'assurer qu'il n'y aura pas de musique dans la salle le jour de la conférence de presse ;

— la climatisation ou le chauffage ont la mauvaise habitude de démarrer pendant la conférence et jettent alors un bruit de fond sonore extrêmement désagréable. Vérifier s'il est possible de contrôler ces bruits ;

— y a-t-il des travaux de rénovation dans cet édifice ou autour ? Il n'y a rien de pire pour un conférencier que la compagnie d'un marteau-piqueur. Et dans une telle situation, il n'y a rien qui puisse les faire taire. Il faut s'assurer de la quiétude des lieux auprès de la direction de l'établissement et faire soi-même ses propres vérifications ;

— les salles autour de la vôtre sont-elles réservées à des groupes qui pourraient être bruyants ? Dans les hôtels, les salles sont louées aussi bien pour des cocktails, des réunions de travail ou de défoulement, que pour des conférences de presse. Il est particulièrement déplaisant d'entendre des applaudissements, des rires ou des échanges de voix bruyants au moment où le conférencier veut insister sur les éléments importants de sa conférence. Habituellement, ces bruits provoquent des rires qui viennent perturber les conférenciers et briser le rythme de la conférence ;

— et peut-on entendre les pas et les voix des gens qui passent dans le corridor ? Dans les endroits où il n'y a pas de tapis, les planchers peuvent être très sonores.

La température

Il faut vérifier la température de la salle. Il y a en hiver des salles extrêmement chaudes ou trop fraîches. En été, il faut prévoir de quel côté pénétrera le soleil au moment de la conférence. On visite souvent les lieux à des moments autres que celui où doit se dérouler la conférence sans se rendre compte de l'influence de la présence/absence du soleil à ce moment-là.

La forme de la salle

La visite de la salle s'impose avant de prendre toute décision d'y tenir une conférence de presse. On ne peut se contenter de téléphoner à un hôtel reconnu par exemple et demander de réserver une salle pour 25 personnes. Il sera trop tard lorsque les invitations seront lancées de constater que la salle est en forme de L, qu'elle n'a pas de fenêtre ou qu'elle est coupée par des colonnes.

Les voisins

Huot (1994, p. 74) signale qu'il est judicieux de s'informer « des autres manifestations ou événements qui se dérouleront en même temps que votre conférence de presse » de façon à éviter que des juxtapositions d'événements incompatibles ne se déroulent au même moment dans le même établissement.

L'aménagement de la salle

L'aménagement de la salle et l'équipement requis peuvent varier selon le lieu et le type de conférence. Une conférence de presse peut se donner au milieu de nulle part, sans chaise ni micro, s'il s'agit d'une conférence impromptue. Dans certaines circonstances où la sobriété extrême est de rigueur, comme la visite d'un ministre sur les lieux d'un cataclysme, on délaisse les artifices pour ne s'en tenir qu'à l'essentiel.

L'équipement minimum pour une conférence de presse varie aussi selon les circonstances ; il se compose habituellement d'une table et du nombre exact de chaises pour le conférencier et ses collaborateurs appelés à prendre la parole. Et des chaises pour les journalistes.

Toutefois, dans la majorité des cas, il est possible de donner un soin plus grand à l'aménagement de la salle. Voici donc les principaux éléments à surveiller.

La décoration de la salle

Il appartient habituellement à la personne responsable de la conférence de presse d'aménager la salle à son goût. Même s'il existe déjà une certaine décoration, il est toujours possible de l'améliorer. Est-il souhaitable que les murs latéraux traduisent l'image de l'organisation ? Pour annoncer une importante exposition, il n'est peut-être pas indiqué de laisser sur les murs de mauvaises reproductions qui pourraient y être déjà.

Des photos, des illustrations peuvent-elles cadrer avec le sujet de la conférence ? Le recours à des pièces d'équipement ou d'articles promotionnels désignant bien l'organisation ou l'événement, l'activité, la nouvelle peut fournir matière à image pour les journalistes.

Une certaine sobriété et une décoration de bon goût s'imposent. Or, il s'agit là d'une notion bien arbitraire. Ce qu'il faut retenir, c'est d'utiliser les murs de la salle pour apporter des compléments d'informations visuels, y mettre quelques petites touches d'intérêt particulier, mais surtout ne jamais surcharger les lieux. Dans le doute, il est préférable de s'abstenir.

La décoration de la salle peut entraîner des coûts particuliers, comme l'agrandissement de photos, le laminage de certaines illustrations, le graphisme nécessaire pour reproduire à grande échelle le sigle ou le slogan de l'organisme. Ces coûts doivent être comptabilisés dans le budget.

Le fond de scène

Après les murs latéraux, l'arrière-scène doit être décorée de façon adéquate. Pendant que les photographes et les cameramen filmeront le conférencier, quelle image ressortira en fond de scène ? Le sigle de la compagnie, une photo du produit ou le mur banal ?

L'arrière-plan de la salle doit être aménagé de façon que les inter-locuteurs se détachent très bien. Il ne faut pas encombrer le fond de scène mais savoir l'utiliser à bon escient. On peut donc y trouver le nom de l'entreprise ou de l'organisation, le drapeau qui symbolise l'atta-chement du groupe (gouvernemental, olympique, papal...), ou tout autre signe distinctif qui renforcera l'image de l'organisation, décrira l'objet de la conférence et pourra se décoder facilement.

Certaines salles sont aménagées de façon à mettre en valeur la vue exceptionnelle du site extérieur. Il faut toutefois éviter de placer le conférencier le dos à une fenêtre : les photographes et les cameramen auront quelques difficultés pour leurs prises de vue avec la lumière à contre-jour.

La disposition des lieux

◆ Tables ou chaises

Il appartient au responsable de l'aménagement de la salle de disposer tables et chaises comme il le désire. D'abord, il doit s'assurer qu'il y aura assez d'espace pour le nombre de personnes invitées. Ensuite, il devra décider si les journalistes disposeront d'une table ou s'ils devront se contenter de leurs genoux pour écrire.

Le principe à retenir, c'est que les journalistes doivent pouvoir consulter la documentation remise, prendre des notes pendant la con-férence et rédiger textes et topos. Il est donc recommandé de mettre des tables à leur disposition pour leur permettre de travailler en toute aisance.

Il arrive dans certaines circonstances que les salles ne se prêtent pas bien à l'installation de tables. Ou encore, lorsqu'un grand nombre de journalistes sont attendus, il devient contre-indiqué de mettre des tables car il faudrait une trop grande salle. On doit alors se résigner à n'installer que des chaises.

❖ Orientation de la salle

Certaines salles sont ainsi aménagées qu'il est possible d'utiliser l'un ou l'autre des quatre murs comme arrière-scène. On doit décider dans quel sens orienter l'aménagement de la salle en prenant en considération un certain nombre d'éléments. Selon la localisation de la porte d'entrée, les mouvements d'entrée et de sortie des journalistes et du personnel de l'organisation vont-ils perturber le déroulement de la conférence ? Le fenêtrage condamne-t-il certains murs ? La forme de la salle sera-t-elle mieux exploitée dans un sens ou dans l'autre ? La disposition des tables ou des chaises, les allées pour les cameramen cadrent-elles mieux dans un sens que dans l'autre ? Quel mur avantagera mieux le conférencier et permettra un meilleur aménagement de l'arrière-scène ?

C'est la réponse à toutes ces questions qui aide à déterminer l'orientation de la salle.

❖ Orientation des tables

Selon le nombre de journalistes attendus, selon la grandeur de la salle, selon le type de conférence privilégié, les tables ne seront pas disposées de la même façon. Il est possible de les mettre les unes derrière les autres. C'est la formation en rangs d'école. Cette disposition revêt un caractère plus solennel et plus réservé.

On peut former un fer à cheval ou un U avec les tables, ou mettre les journalistes de part et d'autre d'une immense table. Dans tous ces cas, les journalistes peuvent se voir et créer ainsi un élément de convivialité, de proximité plus grand. La forme du fer à cheval permet aux photographes et aux cameramen de prendre le conférencier de face, puisqu'ils peuvent s'avancer au centre.

La formule des tables en demi-cercle, genre théâtre, combine la solennité à la proximité. La courbe que crée cette disposition donne un caractère plus intime que la formule rang d'école.

Il est possible également d'aménager les tables en T, le conférencier prenant place à la tête du T. Cette disposition permet un contact presque direct avec le conférencier tout comme la table oblongue ou ronde.

Lorsque la décision de la disposition des tables sera arrêtée, il faudra déterminer le nombre de chaises à mettre par table. Il est toujours désagréable d'entasser les journalistes les uns contre les autres, car ils n'ont pas de place pour étaler la documentation reçue. Il ne faut pas hésiter à aérer l'espace en plaçant moins de chaises. De toute façon, dans ces circonstances, les journalistes enlèvent les chaises qui les gênent pour avoir plus de place.

Enfin, le nombre de tables requises doit être calculé avec exactitude. Il est préférable de disposer de chaises additionnelles tout autour de la salle au cas où la conférence attirerait plus de gens que prévu plutôt que d'avoir une série de tables vides.

◆ Position des chaises

Si la décision d'opter pour des chaises plutôt que des tables a été retenue, on peut les placer les unes derrière les autres pour imposer un caractère plus officiel à la rencontre, ou les disposer en forme de demi-cercle, ce qui présente une approche plus familière. La disposition des chaises ne doit jamais nuire au travail des cameramen et des photographes.

En tout temps, les journalistes devront disposer d'assez de place pour écrire. Ils pourront utiliser, à côté d'eux, une chaise additionnelle pour déposer la documentation, si un nombre suffisant de chaises a été prévu.

Encore ici, il est préférable à la dernière minute d'ajouter des chaises qu'on aura eu soin de prévoir, plutôt que d'avoir une salle qui donne l'impression d'être inoccupée.

◆ Les allées

La disposition des tables et des chaises doit permettre aux cameramen de faire leur travail avec facilité. Habituellement, on les place de façon à laisser au centre et sur les côtés une large allée où les cameramen de la télévision pourront installer leur trépied et où les photographes pourront venir prendre des photos de face. De plus, il faut faciliter leur mouvement tout autour de la salle et même derrière le conférencier en laissant l'espace requis pour qu'ils puissent circuler facilement.

Si de tels espaces ne sont pas prévus, ou s'ils sont encombrés, il est possible que les cameramen les déplacent de toute façon pour faire leur travail. Un dégagement de quelques mètres devant la table du conférencier permettant à ces cameramen et photographes de s'en approcher s'impose. Pour une conférence de presse réduite, où une table suffit à réunir tous les journalistes, les photographes et les cameramen peuvent avoir un accès direct au conférencier par les côtés.

Le choix de l'équipement technique

Lorsque l'aménagement de base de la salle est terminé, il faut voir à l'organisation plus technique de la conférence, c'est-à-dire aux accessoires supplémentaires requis, à l'équipement technique nécessaire et au matériel utile.

La table du conférencier

Quelle que soit la disposition de la salle, on installe habituellement à l'avant une table où prendront place l'animateur et les conférenciers.

◆ Les chaises

Autour de cette table doit être rassemblé le nombre exact de chaises requises pour la conférence. Il est toujours embêtant à la dernière minute de courir dans la salle pour ajouter une nouvelle chaise autour de cette table comme si on venait d'improviser la présence d'une personne additionnelle. Ou alors d'avoir une chaise de trop qu'on doit déplacer.

Il faut éviter de choisir des chaises qui pivotent ou qui bercent, car dans leur nervosité les invités de la table d'honneur ont tendance à beaucoup bouger.

◆ La nappe

La table doit être recouverte d'une nappe tombant par terre. Il arrive que les conférenciers et leurs accompagnateurs soient nerveux. Il est préférable qu'on ne voit pas leurs jambes se balancer sous la table. De plus, certains se présentent avec des souliers à semelle fatiguée, ou avec des chaussettes qui ont perdu un peu de leur élasticité et qui se recroquevillent sur la cheville ; d'autres conférenciers ont tendance à s'asseoir en prenant des positions décontractées ou inélégantes.

Par ailleurs, certaines modes féminines peuvent obliger dans certaines situations les femmes à prendre des positions plutôt inconfortables.

Dans ces cas, il est plus simple de masquer ces inconvénients que de donner des leçons de savoir-faire à des gens qui n'en ont pas sollicitées et qui verraient même d'un mauvais œil qu'on leur fasse quelque remarque de cette nature.

◆ Le micro

La présence d'un micro est-elle nécessaire ? Dans de petites salles, on peut facilement se passer de micro. Mais dans des salles aux proportions plus grandes il peut être utile d'y avoir recours ; utile et même nécessaire si la portée de la voix ainsi amplifiée permet aux journalistes de suivre avec plus de facilité la conférence. Il peut être également souhaitable de permettre aux journalistes d'avoir accès au son directement d'un micro central plutôt que de capter la conférence avec les bruits ambiants de la salle.

Le conférencier parlera-t-il debout derrière un lutrin ou assis devant sa table ? Nous étudierons cette question lorsque nous parlerons de la préparation des intervenants (point 4.8.7). Toutefois, s'il parle devant sa table, un micro en état de fonctionnement y sera installé en s'assurant que quelqu'un sait comment ouvrir et fermer ce micro. Il est toujours désagréable d'attendre cinq minutes au début des conférences de presse que quelqu'un sache faire marcher les micros. La vérification du fonctionnement du micro doit se faire avant le début de la conférence.

S'il y a plusieurs conférenciers qui doivent parler assis, et si la présence d'un micro est jugée nécessaire, il est préférable d'avoir un micro devant chaque personne. Sinon, pour chaque intervention et pendant la période de questions, les conférenciers doivent se passer le micro avec les risques inhérents d'accrocher le verre d'eau, de voir les fils emporter les papiers...

Il faut aussi vérifier si l'organisation doit fournir cet équipement et les haut-parleurs ou si la salle en est déjà pourvue.

❖ L'identité

Lorsque les conférenciers ne sont pas bien connus, on peut mettre devant eux une petit carton d'identité avec le nom et le titre de la personne. Quoique ceci soit une pratique courante lors de colloques ou congrès, on la trouve peu au cours de la conférence de presse. C'est toutefois une pratique utile, car parfois les journalistes ne connaissent pas le nom de ceux qui ont pris place à la table d'honneur.

❖ L'eau

Il est essentiel de mettre des verres d'eau sur la table du conférencier. Mais il est préférable, lorsque les conférenciers parlent assis, de ne pas laisser le pot d'eau sur la table. Souvent il entre dans le champ de vision des caméras et de toute façon coupe en deux le buste du conférencier lorsque le pot est devant lui. D'autre part, en ne mettant pas le pot sur la table, on évite les gestes des conférenciers qui se passent le pot de l'un à l'autre. Il est préférable de désigner quelqu'un qui s'assurera que celui qui doit parler ait un verre d'eau à portée de la main.

Lorsqu'il y a plusieurs conférenciers, celui qui a terminé son tour a tendance à étancher sa soif de façon nerveuse. On le verra donc remplir son verre à plusieurs reprises. Mieux vaut alors rationner l'eau sur la table du conférencier.

❖ Les magnétophones

Les journalistes ont tendance à déposer sur la table du conférencier micros et magnétophones pour enregistrer directement la conférence. C'est une pratique courante. Il faut leur ménager de la place pour ce faire. Mais en même temps, la table perdra son aspect solennel pour devenir encombrée comme toute table de travail active. Si la solennité de la conférence dicte de conserver la table impeccable, un autre système doit être prévu pour alimenter en son les journalistes.

❖ Le cendrier

Si le conférencier est un fumeur invétéré et ne veut à aucun prix se passer de ses cigarettes, il faut lui éviter l'ennui de chercher un cendrier.

Mais il faut aussi être conscient que ce geste qui sera projeté dans les médias peut ternir l'image du conférencier et même lui attirer des critiques de certains groupes qui ne manqueront pas de condamner l'attitude du coupable. En effet, compte tenu des efforts immenses que la société investit pour persuader la population des dangers de la cigarette, il est préférable de ne pas fumer pendant la conférence de presse. Les gestes d'allumer, de secouer sa cendre, de fumer, d'éteindre sa cigarette, les volutes de fumée qui encombre la table ne sont pas nécessaires au décorum de la conférence.

◈ Le porte-documents

Si le conférencier doit lire un discours, il est utile de soigner le porte-documents dans lequel il transportera le texte. C'est la première image que donne le conférencier de lui-même. S'il se présente avec un porte-documents élimé, une chemise cartonnée et fatiguée, il ne donnera pas la même impression que s'il arrive avec un porte-documents plus soigné.

Le podium

Lorsque la présence de quelques dizaines de journalistes est prévue, la table du conférencier doit être montée sur un podium de façon qu'il puisse être vu de toute l'assemblée. Il s'agit, en fait, de surélever la table de la hauteur d'une marche. Il est en effet désagréable de ne pas voir le conférencier ou d'avoir à pratiquer une gymnastique continuelle pour l'apercevoir entre les têtes des autres journalistes.

Le lutrin

Si le conférencier parle debout, il est utile d'avoir recours à un lutrin sur lequel il pourra placer le texte de son discours. Il existe des lutrins qu'on pose directement sur la table et des lutrins sur pied. Dans les établissements qui accueillent les conférences de presse, on peut emprunter cet équipement. Mais il faut savoir que l'établissement y affiche bien en vue son nom et c'est ce qui paraît à la télévision. Si l'organisation possède un lutrin à ses couleurs, il est toujours préférable de l'utiliser.

Le tableau

Il arrive parfois qu'une question d'un journaliste suscite des explications chiffrées ou des réponses complexes. Ou qu'un conférencier se sente à l'aise pour expliquer ses propos avec un tableau qui lui permette d'apporter des nuances. Il est alors utile de prévoir dans la salle un tel tableau avec aussi, bien sûr, des feutres qui écrivent plus d'une minute.

La démonstration de produit

Si l'entreprise souhaite présenter un produit ou un objet nouveau, elle devra faire le nécessaire pour que tout l'équipement dont elle a besoin soit mis en place et testé avant le début de la conférence de presse.

L'audiovisuel

Si une présentation audiovisuelle est prévue, si des projections sont nécessaires, si des illustrations doivent être montrées, il faut les exposer de façon que les gens dans la salle les voient bien et que, si requis, les cameramen ou les photographes puissent les filmer ou les photographier.

L'équipement doit être vérifié — et deux fois plutôt qu'une — le jour même de la conférence de façon à s'assurer que tout fonctionne bien, que la chaîne stéréo de l'établissement est compatible avec les appareils utilisés. Les appareils ont la mauvaise habitude de flancher au moment où leur fonctionnement est précieux.

La liste des équipements requis doit être minutieusement préparée, tout en s'assurant qu'ils sont disponibles sur place ; sinon, on doit se procurer chaque pièce requise : micros, haut-parleurs, rallonges, magnétoscope, écran, etc.

S'il y a projection d'une bande magnétoscopique, des copies additionnelles sont utiles car il est possible que quelques journalistes désirent en emprunter une.

Enfin, il est recommandé d'enregistrer la conférence de presse aux fins de l'organisation qui doit alors disposer d'un magnétophone ou en louer un pour l'occasion.

La présence d'une « truie »

On appelle truie, cet appareil qui est directement relié au micro central et qui redistribue le son initial à l'ensemble des magnétophones des journalistes qui s'y sont branchés. On utilise cet appareil pour éviter d'avoir des dizaines de micros sur la table du conférencier et pour assurer une meilleure sortie de son pour les journalistes. De moins en moins utilisé, on place habituellement cet appareil à l'arrière de la salle.

La table d'accueil

Il faut prévoir, à l'entrée, une table où déposer la documentation et les dossiers de presse et où se prennent les inscriptions des journalistes.

C'est à cet endroit que se fait l'accueil des visiteurs. La table doit être placée de telle façon qu'ils doivent passer devant sans toutefois bloquer le passage de l'entrée. C'est pourquoi il arrive qu'on doive la mettre à l'extérieur de la salle.

La table du café

Si l'on a décidé de servir café et jus, une table sera prévue à cet effet dans un coin retiré de la salle, loin de la porte d'entrée, de façon que les gens qui entourent la table n'en bloquent pas l'accès.

Cette pratique de servir le café est admise. Elle permet au début de la conférence de saluer simplement les journalistes ou de les faire patienter en attendant le début de la conférence.

Les tables des journalistes

Si les tables des journalistes ne sont pas d'allure impeccable, on y met des nappes. Autrement, on peut y déposer des pichets d'eau et des verres, encore que ce ne soit que facultatif. L'habitude de plus en plus répandue de ne pas fumer dans les lieux officiels fait en sorte qu'on peut décourager les journalistes de fumer en ne mettant pas de cendrier sur les tables. Toutefois il est bon d'en prévoir quelques-uns pour les irréductibles ou pour ceux qui voudraient bien éteindre celle qu'ils ont déjà à la bouche.

Où fumer ?

Comme habituellement les salles de conférence de presse sont relativement petites, il est recommandé de ne pas permettre aux gens de fumer, afin d'éviter de tenir la conférence de presse dans une salle enfumée. D'ailleurs, de plus en plus, dans les édifices ouverts au public, on interdit la cigarette. Il est alors essentiel de prévoir à l'entrée un endroit où les invités seront priés d'éteindre leur cigarette. Autrement l'entrée de la salle sera jonchée de mégots écrasés. Et lorsque cette entrée est recouverte de tapis ou de planchers de bois, ces mégots écrasés laissent des traces tenaces. De plus, il faut savoir diriger les fumeurs aux endroits qui leur sont réservés.

Les prises électriques

La salle sera dotée du nombre de prises électriques requis pour le bon déroulement de la conférence. Habituellement, l'équipement des journalistes et des cameramen fonctionne de façon autonome. Mais il peut arriver que les uns ou les autres souhaitent se brancher sur le circuit électrique, Si, en plus, des prises sont requises pour faire fonctionner les divers équipements utiles à la conférence de presse, il faut donc prévoir quelques prises de courant facilement accessibles. La salle est-elle équipée en conséquence ?

Comme habituellement, ce sont les prises situées à l'avant de la salle qui sont les plus utilisées, y en a-t-il en nombre suffisant ? Et peuvent-elles supporter toute la demande qui leur est imposée ? L'intensité du courant est-elle suffisante ?

D'autre part, si les prises au mur sont éloignées du devant de la scène, il faudra avoir recours aux rallonges électriques qui courront dans les allées avec les inconvénients que cela entraîne.

Tous ces besoins doivent être évalués en veillant à ce qu'il y ait des prises électriques sur chacun des murs de la pièce et des rallonges en quantité suffisante.

Il est utile également de s'informer auprès des responsables de l'édifice si les prises électriques peuvent supporter les charges prévues et de connaître le nom d'une personne qui peut rapidement remplacer un fusible si jamais l'imprévu arrivait…

Le matériel divers

La situation idéale d'une conférence de presse, c'est de pouvoir jouir d'un secrétariat permanent à portée de la main, c'est-à-dire d'un poste de travail avec traitement de texte, machine à écrire, photocopieuse, fax, téléphone et messager.

On ne monte pas un tel poste de travail pour une conférence qui durera une heure ou une heure trente. Mais pour les conférences qui entourent les grands événements, on se dote d'un tel secrétariat.

À défaut d'avoir l'idéal, on doit s'équiper d'un minimum d'outils nécessaires, sans jamais présumer qu'on pourra tout trouver sur place. En voici quelques éléments :

— du papier et des crayons pour ceux qui arrivent les mains vides et qui désirent prendre des notes ;

— des cendriers pour les fumeurs ;

— des crayons feutres et un tableau pour les explications ;

— du ruban adhésif pour fixer les feuilles au tableau ou les cartes que l'on veut montrer et qui ne tiennent pas facilement droites ;

— un couteau pour ouvrir les boîtes de documentation qui arrivent toutes ficelées ;

— du papier avec et sans en-tête et une machine à écrire ou un ordinateur pour taper le petit mot qui accompagnera le dossier de presse à expédier de toute urgence à un journaliste qui n'a pas pu venir mais qui aimerait bien avoir l'information sous la main avant le bulletin de midi ;

— une rallonge pour brancher l'équipement électrique ;

— des enveloppes pour insérer la correspondance ; prévoir des enveloppes capables de contenir le dossier de presse, et des autocollants pour l'adressage ;

— l'accès à une photocopieuse pour tirer des copies du document qu'un collaborateur du conférencier a montré pour répondre à une question des journalistes et qui est maintenant exigé par tous les participants de la conférence ;

— une dégrafeuse pour retirer du dossier de presse, à la dernière minute, l'annexe placée à la dernière page d'un document et qui en dit plus qu'on aurait souhaité ;

— une agrafeuse pour remonter le document amputé de sa dernière page ;

— des trombones parce que c'est toujours utile...

— des punaises pour fixer au mur quelques documents utiles ;

— du papier gommé et des ciseaux pour refaire les boîtes de documentation à la fin.

Cette liste peut s'allonger. De toute façon, on oublie toujours quelque chose. Et avec l'expérience on raffine cette liste et on finit par apporter trop de choses...

La documentation d'appui

Il est utile d'apporter à la conférence de presse un certain nombre de documents d'appui qui viennent étayer les arguments du conférencier ou tout simplement donner un complément d'information. Il y a toujours un journaliste qui demandera le document dont le conférencier a parlé, qui voudra avoir la dernière politique adoptée dont il a été question, le dernier rapport annuel où apparaissent les chiffres dont on a fait état.

Cette documentation ne doit pas nécessairement être étalée puisqu'en principe seules quelques copies sont disponibles. Mais il faut être capable de répondre rapidement aux demandes des journalistes. Ils ont été convoqués pour recevoir des informations, et l'organisation doit la leur procurer aussi rapidement que possible. Si le document n'est pas à portée de main, le journaliste devrait le recevoir dans les heures qui suivent la conférence. Le lendemain, l'information n'a plus la même importance.

La salle secondaire

Lorsque c'est possible, on suggère de prévoir une salle attenante pour que le conférencier puisse réviser ses notes au début de la conférence ou converser avec ses collaborateurs. Cette salle servira ensuite à la réalisation des interviews radio ou télévision si la salle de conférence ne s'y prête pas. C'est le cas lorsqu'il y a trop de monde et trop de bruit.

Les interviews doivent se dérouler de la façon la plus convenable possible. Avoir accès à une salle secondaire dans ces circonstances est un atout intéressant. Cette salle doit être située à proximité de la salle de conférence de presse et disposer de l'espace utile pour faire des interviews télévisées.

La salle de presse

En certaines circonstances, comme lors de grands événements ou congrès qui se tiennent pendant plusieurs jours, on installe en permanence, pour la durée de l'événement, une salle de presse.

Cette salle de presse doit permettre d'accueillir de façon convenable les journalistes venus couvrir l'événement, soit comprendre une section pour la presse électronique, une autre pour la presse écrite et, dans certaines circonstances, un laboratoire pour les photographes.

Ces salles doivent être pourvues de tout l'équipement nécessaire pour permettre aux journalistes de faire leur travail, c'est-à-dire des machines à écrire aux studios d'enregistrement, en passant par le fax et les téléphones.

L'organisation de ces salles est fort complexe et dépend de l'ampleur de la manifestation à couvrir et du nombre de médias attendus. Les accréditations, la sélection des journalistes lorsqu'elle s'impose compte tenu de l'exiguïté de certains lieux, les services annexes sont des dimensions nouvelles qui accompagnent habituellement ces événements.

Le téléphone

C'est un outil indispensable lors d'une conférence de presse, à la fois pour l'organisation et pour les journalistes. Pour l'organisation, un contact constant doit être maintenu entre le siège social et le site de la conférence. Souvent, le conférencier souhaite obtenir une information de dernière minute d'un collaborateur ; le responsable des communications aimerait qu'on lui apporte des documents nouveaux ; une station de radio qui n'a pu envoyer de journaliste veut absolument parler à un responsable de l'organisation pour faire une interview téléphonique après la conférence.

Dans certains cas, on peut faire poser un téléphone sur la table d'accueil, à condition qu'elle soit à l'extérieur de la salle de conférence. Ce n'est pas l'idéal, mais c'est le plus pratique. L'idéal, c'est de disposer d'un téléphone dans la salle secondaire que l'on a réservée et d'y affecter une personne en permanence.

Les journalistes aussi auront besoin du téléphone soit pour des communications avec leur média, soit pour confirmer des rendez-vous pour le reste de la journée, soit pour obtenir des informations additionnelles sur le sujet de la conférence. À la rigueur, ils pourront utiliser le téléphone que s'est réservé l'organisation, mais ce n'est pas une solution. La ligne sera continuellement occupée...

Il faut donc prévoir l'accès à des téléphones tout près de la salle de conférences, même s'il s'agit de téléphones publics et payants. Les journalistes, comme tout le monde, préfèrent conserver une certaine discrétion quand ils téléphonent. Respecter cette attitude et leur permettre de téléphoner en toute tranquillité constitue un geste d'attention apprécié.

Si c'est possible, il faut éviter d'avoir un téléphone dans la salle de conférence de presse. Car, immanquablement, il sonnera pendant la conférence. Et si quelqu'un répond, il devra nécessairement parler en même temps que le conférencier.

De plus, les journalistes auront tendance à se servir de ce téléphone avant la fin de la conférence de presse. Avec les téléphones portatifs, on assiste aujourd'hui à ces inconvénients non contrôlables des téléphones qui sonnent et des journalistes qui répondent pendant le déroulement de la conférence de presse. Malgré un usage discret, le téléphone perturbe le déroulement de la manifestation.

Si des téléphones sont mis à la disposition des journalistes, il faut être prêt à payer des frais d'interurbain ou alors bloquer les téléphones de façon qu'aucun appel interurbain ne se fasse sans passer par le standard. Certains journalistes peuvent venir d'autres régions. Comme il n'est pas facile de contrôler l'utilisation de ce téléphone qui est somme toute accessible à tout le monde, il arrive chaque fois qu'on se retrouve avec des factures de frais d'interurbain sans jamais savoir qui les a occasionnés.

Le traiteur

La décision d'offrir du café, du thé ou des jus aux invités avant et après la conférence a-t-elle été prise ? Il s'agit là d'une pratique facultative assez fréquente, qui n'ajoute rien au déroulement de la conférence de presse. C'est une activité qui ne coûte pas cher et qui permet de créer une petite zone d'échanges familiers dans la salle ou près de la salle de conférences. Il arrive en effet qu'on mette la table du café dans le corridor à la porte de la salle, si l'aménagement de la salle ne s'y prête pas beaucoup.

Lorsque l'on offre du café, on permet aux invités de se servir dès qu'ils arrivent. Le traiteur va proposer d'y ajouter quelques croissants, brioches, biscuits ou gâteaux. Il faut refuser. Les journalistes n'en prennent habituellement pas et ces pâtisseries doublent les coûts.

De plus, une évaluation très prudente du nombre de personnes attendues doit être faite de façon à commander le nombre requis de tasses de café. Il y en a toujours trop de toute façon. Sans oublier qu'il n'y a pas que des buveurs de café. Certaines personnes préfèrent du thé ou des jus. Il n'est plus de mise de tenir un bar ouvert comme ce fut la coutume pendant très longtemps.

Un repas ne doit s'offrir que dans les circonstances qui ont été précisées plus haut. Dans un tel cas, il faut composer le menu. Combien de sandwiches par personne ? Avec des crudités ? Des chips ? Des petits gâteaux ? Chaque décision entraîne des coûts différents. La salle doit avoir été choisie en conséquence et permettre la tenue de la conférence et le repas, car il est délicat de déplacer les journalistes d'une pièce à l'autre. Dans pareille situation, il faut absolument prévoir des tables pour les journalistes.

La sécurité

La sécurité est certes la dernière préoccupation que l'on peut avoir lorsqu'on organise une conférence de presse, mais elle s'impose au moins pour trois raisons.

D'abord lorsqu'un homme politique, une vedette du cinéma ou une personnalité dans un secteur donné est attendu, la préoccupation d'avoir recours à un service de sécurité s'impose. Que faire s'il y a une manifestation contre le conférencier ou une masse d'admirateurs venus saluer la vedette ? Dans la société actuelle, les groupes de contestation profitent de toute occasion pour faire valoir leur point de vue. Et la cible visée peut être aussi bien un dirigeant d'entreprise, qu'un président d'organisme public.

Ensuite, en certaines circonstances où de nombreux journalistes sont attendus, le stationnement est géré par des agents de sécurité.

Enfin, des équipements coûteux seront-ils installés dans la salle ? Qui en a la responsabilité légale ? Par quelle assurance sont-ils couverts ? Un magnétoscope est vite disparu. Et des moments d'inattention sont nombreux lors de la préparation d'une conférence de presse qui attire parfois quelques curieux malintentionnés.

Le transport du matériel

La documentation est souvent lourde et abondante. L'équipement et le matériel divers peuvent peser plusieurs dizaines de kilos. Il faut donc prévoir le transport et le retour de ce matériel, tâches qu'on ne peut imposer décemment au personnel de secrétariat.

Le transport du bureau à l'hôtel n'est qu'une première étape à franchir. Comment acheminer ce matériel de la voiture garée devant l'hôtel à la salle de la conférence ? La collaboration du personnel de l'hôtel est-elle possible ? Parfois, on peut apporter le matériel la veille. Parfois, il faut emprunter des entrées latérales.

Chercher un chariot à la dernière minute, monter des caisses à l'étage alors qu'on est déjà en sueur de nervosité et qu'on est élégamment habillé sont des activités à déconseiller la journée même de la conférence.

Et à la fin de la conférence, lorsqu'une heure est fixée pour vider les lieux parce qu'une autre activité doit suivre, le même scénario se reproduit. Qui transportera tout le matériel dans une voiture stationnée au fond du parking et comment le transportera-t-on ?

Les contrats de réservation

Lorsque tous les besoins en salles, en équipements et en services ont été satisfaits, il est essentiel de consigner par écrit les réservations avec les indications utiles pour éviter toute ambiguïté. Il existera donc une confirmation écrite de ce qui fut demandé et de ce qui a été promis. Cette note spécifiera le montant requis pour chaque service sans jamais présumer que certains d'entre eux sont gratuits.

Les modalités de paiement doivent également être précisées : faut-il payer avant, la journée même, ou peut-on faire suivre la facture après l'événement ? Le cas échéant, à qui doit-elle être adressée ?

Cette opération est d'autant plus importante qu'il est toujours désagréable après une conférence de presse de constater que le coût fut plus élevé qu'on ne l'avait d'abord anticipé et qu'il n'y a pas de fonds prévus pour ces dépassements. Pour éviter ces désagréments, la réservation et l'engagement du budget doivent être approuvés par une personne habilitée à accepter les factures.

Il est utile de préciser, sur cette réservation, le nom des responsables des services requis : l'aménagement des salles, le vestiaire, le stationnement, la réception des marchandises, l'audiovisuel, le téléphone, la facturation, etc.

Les vérifications ultimes

La présence d'un technicien qui connaît les équipements et qui s'est assuré que tous les éléments requis sont en place et en état de fonctionnement est essentielle. S'il est impossible de prévoir les bris et les défectuosités de dernière minute, on peut tout au moins vérifier la bonne marche des appareils. Ainsi, pour l'utilisation d'une bande vidéo, le début de l'extrait à projeter doit être placé de façon qu'il démarre immédiatement lorsque l'appareil est mis en marche. Il est toujours désagréable de voir défiler pendant une minute l'amorce ou la neige de la bande.

Par ailleurs, si le canal du téléviseur n'a pas été vérifié et qu'il n'est à la bonne position pour recevoir l'image du vidéo, il faudra reprendre la projection du vidéo, mais sans le début de l'extrait.

En fait, il faut tout prévoir et tout vérifier avant la conférence de presse de façon à s'assurer qu'elle se déroule correctement sans jamais tenir pour acquis que toutes les directives ont bien été suivies et toutes les responsabilités bien assumées.

Avec une logistique bien arrêtée, il est plus facile de réagir promptement aux imprévus car le prévu est déjà maîtrisé.

Le budget

Le budget d'une conférence de presse doit être arrêté au moment de la préparation de la logistique. Si les budgets sont réduits, il est évident que la recherche d'une salle devra être orientée vers des salles dites communautaires et gratuites et qu'il ne sera pas question de payer un fournisseur pour servir un café aux journalistes.

Le budget relatif à une conférence de presse peut donc varier. Les postes budgétaires pouvant entraîner des coûts directs pour l'organisation matérielle de la conférence de presse sont les suivants : la réservation et la décoration de la salle, le matériel et le personnel requis et les services de traiteur. Le détail de ces dépenses apparaissent au point 4.11 traitant du budget global.

Selon l'importance et la richesse de l'organisation, il sera possible de redresser les coûts de l'organisation technique d'une conférence. Nous traiterons plus loin du coût des autres activités, soit la production du matériel et la présence de certains collaborateurs.

4.7 La préparation du contenu

L'impression que peut donner une organisation matérielle boiteuse peut indisposer certains journalistes. Mais l'essentiel d'une conférence de presse demeure le contenu à diffuser. Il s'agit donc de le préparer avec grand soin. C'est véritablement à travers le message qu'elle présente qu'une organisation traduit sa personnalité. Selon Missika et Wolton (1983, p. 106), « un message ne peut « passer » que s'il est bien transmis, mais un message sans contenu le demeure quel que soit l'emballage ».

Lors d'une conférence de presse, il y a plusieurs documents à préparer. Le plus important demeure le texte de la déclaration qui sera communiquée aux journalistes. C'est ce document qui livrera le fond même de l'objet de la conférence.

Le texte principal

Généralement, celui ou celle qui préside une conférence de presse se présente avec un texte bien argumenté, pertinent et relatif au sujet de la conférence. Ce texte est toujours l'objet d'une préparation minutieuse, car il doit cerner de façon concise la nouvelle que veut faire connaître l'organisation. L'exactitude de chacun des propos qui y sont avancés doit être vérifiée. En remettant un tel texte aux médias, on évite les interprétations délicates auxquelles donnent lieu les discours improvisés.

« On s'étonne de voir, depuis tant d'années que l'on pratique des conférences de presse, combien d'erreurs on commet encore et combien de rencontres se soldent par un échec, faute d'un contenu satisfaisant pour ceux auxquels elle est adressée » (Van Bol et Ugueux, 1983, p. 169).

« Une conférence de presse doit se limiter à un seul objet, suffisamment circonscrit pour que les participants à cette rencontre puissent percevoir rapidement de quoi il s'agit. Libre à eux de poser les questions touchant les aspects secondaires s'ils le jugent à propos » (Dumont-Frénette, 1980 p. 70).

La définition du contenu

Lorsque la décision de tenir une conférence de presse est arrêtée, l'organisation connaît le message général qu'elle veut livrer. La nouvelle a déjà été définie et les circonstances de son lancement ont été choisies. Mais si l'organisation sait pourquoi elle veut tenir une conférence de presse, il lui reste à définir le message exact qu'elle veut que les médias retiennent. En fait, quels sont les objectifs visés par cette conférence, comment les traduire en éléments d'information pour les journalistes et comment envelopper ces éléments dans un discours percutant, bien amené et convaincant ?

Le message doit s'adresser à un public cible défini d'après le type d'organisation qui l'émet et se construit selon la nature de l'information à diffuser. Le texte doit utiliser un langage et des arguments aptes à convaincre les journalistes et le public.

Habituellement, des réunions de travail sont organisées avec les principaux collaborateurs de la personne désignée pour présider la conférence de presse. Ces réunions permettent d'évaluer les pistes à retenir, les lignes de communication, les thèmes à aborder, les arguments à développer, le positionnement souhaité et les éléments à taire. Cette méthode permet à plusieurs personnes d'émettre leurs idées sur le bien-fondé de la conférence et sur l'orientation qu'elle doit prendre.

Parfois, le porte-parole caresse une idée bien arrêtée de ce qu'il attend de la conférence et profite de ces réunions de travail pour faire partager ses opinions.

Ou encore, l'un ou l'autre de ses collaborateurs s'interrogera sur les dangers de tenir la conférence soit sur le thème visé, soit sur le moment choisi. Il faut alors évaluer les arguments avancés, prendre une décision et ensuite évacuer cette interrogation de façon définitive. Autrement, elle risque d'empoisonner toute la préparation de la conférence. Il y a des personnalités pour qui parler aux médias, c'est s'exposer à un risque trop grand et qui ne se lassent pas de le répéter.

Lorsque le sujet de la conférence de presse ne concerne pas directement la plus haute autorité d'une organisation, il est toutefois essentiel qu'elle soit mise au courant de sa préparation et de ses conséquences de façon qu'elle puisse répondre à toutes questions de journalistes qui pourraient l'interroger sur le sujet. Tout patron trouve extrêmement désagréable d'apprendre par les médias qu'il se prépare un événement public à l'intérieur de son organisation sans qu'il n'en soit averti.

Les personnes appelées à définir le contenu doivent être choisies avec intelligence, sans hésiter à mettre à contribution tous ceux qui connaissent bien le contenu à débattre. C'est la seule façon de s'assurer que le sujet aura été bien cerné. Il arrive dans certaines organisations qu'à cause de conflits de pouvoir ou de personnalités on écarte certains individus de la discussion. Ils se garderont ensuite d'enrichir le contenu ou de prévenir certaines embûches s'ils se sentent rejetés.

« Planifier vos interventions fait toute la différence. C'est souvent ce qui permet à votre message de ressortir de la foule d'informations publiées tous les jours » (Fédération des Commissions scolaires catholiques du Québec, 1988, p. 49).

La préparation du texte

On désigne ensuite un responsable du contenu et un responsable de la rédaction du texte. Le premier doit parfaitement connaître le sujet et peut aisément construire une argumentation solide autour des tenants et aboutissants de la décision que l'organisation veut faire connaître. Le responsable du contenu aura comme mandat de rassembler toutes les idées émises sur le sujet de la conférence et de les organiser de façon à développer une thèse cohérente. Si ce spécialiste du contenu maîtrise bien le langage écrit, il est la personne désignée pour articuler la première version du texte, sinon pour en avoir la responsabilité entière. Autrement, un communicateur rompu à l'art d'écrire se verra confier le soin de rédiger le texte.

À cette étape se pose parfois le problème qui guette tout vulgarisateur face à un spécialiste. Celui-ci aura tôt fait de constater que le communicateur n'a pas saisi toutes les nuances de la question, ou n'en a pas traduit toute la portée. Ce qui se conçoit bien, puisqu'il ne possède pas parfaitement le contenu. C'est ce qui justifie le fait que le communicateur doit travailler étroitement avec les définisseurs de contenu.

Dans certains cas, la tâche de rédiger le texte appartient à l'attaché de presse, ou à un conseiller. Il y a même des spécialistes préposés à la rédaction des textes et discours de leur patron. Et certains d'entre eux sont des communicateurs expérimentés. Il y a également des pigistes reconnus pour leur talent dans ce domaine. Et les cabinets-conseils ont des spécialistes, rédacteurs de discours.

Plusieurs personnes peuvent donc participer à la préparation du texte, mais il revient à un individu en particulier le soin de rédiger la version définitive. Cette personne aura recueilli toutes les informations nécessaires au contenu et soumis le texte à plusieurs collaborateurs et experts avant de le remettre pour approbation définitive à la plus haute autorité visée par la conférence de presse.

« Circonscrire l'angle sous lequel sera abordé le dossier. Mettez en évidence la nouvelle en la rattachant, si possible, à un contexte d'actualité.(...) En un mot, soyez documenté. Considérez tous les aspects de la nouvelle. Choisissez les éléments qui rejoindront le plus votre public. Soyez concis et percutant ; ne diluez pas vos informations. Appuyez-les sur des arguments solides » (Fédération des Commissions scolaires catholiques du Québec, 1988, p. 51).

Qu'il en soit le maître d'œuvre ou non, le communicateur collabore à la rédaction de ce texte, conseille sur la façon de développer la thématique et surtout surveille tout propos qui pourrait amener les journalistes sur des pistes délicates ou inopportunes.

« Naturellement la communication de toute information est jusqu'à un certain point consciemment ou inconsciemment présentée sous les couleurs qui servent l'intérêt de celui qui la communique » (Rival, 1961, p. 73).

Ce texte principal contiendra donc toutes les informations de base nécessaires à la compréhension du sujet et il sera remis aux journalistes tel quel.

La préparation de ce texte amène souvent quelques frustrations, surtout pour le rédacteur. Même s'il s'efforce de traduire fidèlement les propos et les orientations qu'on lui donne, il se trouvera toujours un patron pour ne pas aimer le texte, pour dire que ce n'est pas ce qu'il avait demandé ou pour changer d'idée de façon radicale. Alors qu'on s'attendait à des remerciements et des félicitations après avoir remis un texte définitif, on se rend compte qu'il faut tout recommencer.

À l'inverse, il y a des situations où le communicateur profite de ces tâches pour inclure des idées auxquelles il tient et qu'il aimerait bien voir entériner par la haute autorité. Parfois, avec étonnement, ces idées nouvelles sont acceptées et diffusées.

La propriété du texte

Nous avons vu que le texte peut être préparé par un spécialiste de contenu, mis en forme par un spécialiste de la rédaction et lu par un conférencier au service d'une organisation. À qui revient la propriété intellectuelle et la propriété légale du texte ?

La question serait oiseuse si, au cours des dernières années, des arbitres ou des tribunaux n'avaient eu à trancher la question. Dans un cas, il s'agissait d'un conférencier au service d'une organisation qui a décidé, après avoir quitté son employeur, de publier sous son nom les textes de ses conférences. L'ancien employeur, par contre, jugeait que les textes lui appartenaient puisqu'ils avaient été rédigés pendant le temps du travail. Le juge lui donna raison.

Dans un autre cas, un professionnel s'était plaint du sort réservé aux textes qu'il avait écrits. Ses textes avaient été repris et signés par un attaché de presse. L'arbitre désigné pour entendre cette cause trancha, cette fois-ci, en faveur de l'employé.

Enfin, le rédacteur pigiste qui a été payé pour écrire un texte mais qui n'a pas cédé ses droits, peut-il utiliser dans un article les données qui ont servi à la rédaction du texte de la conférence ? En principe, s'il n'a pas cédé ses droits, il en garde la propriété intellectuelle et peut donc les réutiliser.

Toutes ces questions jettent un nouveau regard sur la notion de propriété intellectuelle des œuvres littéraires. Que faire pour éviter toute ambiguïté dans ces circonstances ? D'une part, il faut s'assurer que l'organisation possède une politique claire à ce sujet face à ses employés. D'autre part, un soin particulier doit être apporté à la rédaction des contrats signés avec de tierces parties pour que la cession des droits soit clairement établie et justement rémunérée.

Mais le problème demeurera toujours complexe car les principes ont été établis en fonction des auteurs et des chercheurs, sans penser aux communicateurs. Si en principe la propriété intellectuelle d'un texte appartient à celui qui le rédige, lorsqu'un communicateur écrit une lettre pour la signature de son patron, ou rédige un texte pour son président, que vaut la propriété intellectuelle si c'est un autre qui signe le document ou qui s'en approprie le contenu ?

L'approbation du texte

Le texte final doit être dûment approuvé par la personne qui portera la responsabilité de livrer l'information aux journalistes. Mais souvent cette personne fera confiance à ceux qui auront préparé le texte.

Pour le communicateur, ce n'est pas tout d'obtenir les approbations au plus haut niveau, il doit s'assurer que toute affirmation dans le texte a bel et bien été vérifiée. Il se doit d'être un conseiller fiable et non seulement un messager efficace entre le porteur de contenu et le diffuseur de l'information. À cet effet, il est essentiel que tout communicateur dans une organisation apprenne à connaître les dimensions de celle-ci pour être capable de déceler, dans un texte, les éléments sujets à caution.

L'approbation finale du texte est souvent difficile à obtenir et exige de nombreuses retouches. Elles sont demandées tantôt par la haute autorité, tantôt par ses collaborateurs. Parfois les changements exigés des collaborateurs ne sont pas acceptés par le grand patron.

L'opération approbation demande donc de la patience et du courage, car il faut quelquefois recommencer ses devoirs et pas nécessairement comme on l'aurait souhaité. Cette étape est souvent frustrante car il y a toujours quelqu'un, à ce stade final, qui souhaite apporter des nuances, préciser une approche, quand ce n'est pas tout simplement changer d'orientation.

La forme du texte

Le texte principal ainsi préparé est habituellement lu intégralement par le conférencier. Comme son intervention ne doit pas durer beaucoup plus que 15 à 20 minutes, le texte devrait se limiter à 10 ou 12 pages.

Mais il s'agit là d'un texte de fond. Quelle forme va prendre le discours ? Le texte sera-t-il lu mot à mot ? Dans ce cas, on peut l'imprimer en caractère majuscule pour que le conférencier puisse le lire plus facilement sans avoir le nez continuellement dans ses papiers.

Le conférencier se sent-il plus à l'aise avec des fiches qui l'aideront à développer son sujet de façon plus spontanée ? Il faut alors les préparer et y résumer les points principaux du texte. Comme le porte-parole ne lira pas le texte remis aux médias, on inscrit alors sur ce texte : « Notes pour l'intervention du président ».

Lorsqu'il est difficile d'obtenir l'approbation finale d'un texte parce que l'emploi du temps du conférencier ne lui permet pas longtemps d'avance de se pencher avec tout le soin requis sur celui-ci, on le présente également avec la mention : « Notes pour l'intervention ... » Ce qui signifie qu'il ne s'agit pas de la déclaration effective que va prononcer le conférencier.

Les compléments d'information

Il appartient au communicateur et aux collaborateurs qu'il s'adjoindra de prévoir les différentes questions que les journalistes pourraient poser. Le texte de la conférence pourra déjà répondre à certaines d'entre elles, en les intégrant à la présentation générale.

Pour les autres questions, des réponses seront pesées et proposées au porte-parole avant la conférence, de façon à laisser le moins d'incertitude sur le déroulement de la conférence. Chaque question pourra faire l'objet d'une note soumise à la personne qui présidera la conférence. Nous reparlerons de cette question lorsque nous aborderons la préparation des intervenants.

Le communiqué

Pour Dumont-Frénette (1971, p. 342), « la pièce de résistance de votre conférence de presse demeure encore le communiqué que vous remettez aux journalistes ». Il constitue un document de synthèse, un résumé du texte principal spécialement rédigé à l'intention des journalistes.

Le communiqué est le premier texte dont prendront connaissance les journalistes à leur arrivée. Normalement, ce texte doit rappeler les principaux éléments qui seront abordés au cours de la conférence de presse. C'est par le communiqué que le journaliste sera sensibilisé aux enjeux de la rencontre. Il est d'autant plus essentiel qu'en certaines circonstances ce sera le seul texte remis aux médias.

Il appartient donc à l'organisation de bien mettre en valeur les points importants qu'elle souhaite voir ressortir de la conférence de presse. Les journalistes ne s'engagent jamais à tenir compte du contenu d'un communiqué. Mais s'il est bien fait, s'il cerne bien la nouvelle à diffuser, les journalistes emprunteront alors l'axe proposé.

La rédaction d'un communiqué

La rédaction d'un communiqué doit absolument être confiée à un communicateur, car il emprunte une forme bien codifiée. Nous avons indiqué ailleurs (Dagenais, 1990) les règles qui président à la rédaction d'un communiqué. Il ne suffit pas de savoir écrire, il faut connaître aussi les modalités d'utilisation du communiqué par les médias pour en retirer tous les bénéfices.

Le communiqué n'est pas le résumé traditionnel d'un texte. C'est davantage la mise en valeur de certaines idées de ce texte, en faisant ressortir les éléments qui en font une nouvelle.

Si la plus grande partie du texte principal traite d'une situation et propose diverses avenues de solution et si ce n'est qu'à la dernière page qu'apparaît la voie choisie, c'est ce dernier volet qui doit apparaître au début du communiqué. Le journaliste n'a pas à chercher la nouvelle. Il doit la découvrir de la façon la plus concise et la plus immédiate. Le texte du communiqué ne doit contenir que les seules informations nécessaires. Il s'agit moins d'un résumé que de la mise en valeur de certaines idées fortes en prenant soin de bien peser chaque mot.

L'utilité du communiqué

Faire une conférence de presse et ne pas remettre un communiqué, c'est mettre de côté un des éléments clefs de la conférence. Le journaliste sait qu'il peut toujours citer le communiqué sans crainte de se tromper. Sans communiqué, le journaliste est souvent obligé d'évaluer, dans les vingt ou trente minutes de la conférence où il s'est défini diverses pistes, quels sont les éléments prioritaires.

Le communiqué lève cette incertitude et facilite le travail du journaliste. Il a l'avantage de regrouper de façon succincte les principaux éléments de la conférence, en précisant sans détour la pensée de l'organisation. Ainsi, le journaliste connaît en lisant le communiqué le message que veut livrer l'organisation. De plus, les noms des intervenants y sont écrits correctement, les titres des individus sont bien précisés. Si le journaliste puise dans ce texte, il ne pourra trahir ni les faits ni les chiffres cités.

La présentation technique

Lowell (1982, p. 174) parle de la possibilité de rédiger deux communiqués qui s'adressent à des clientèles différentes. Ainsi pour traiter de la formation professionnelle, on pourrait préparer un communiqué pour les chroniqueurs de l'éducation et un autre pour ceux des pages financières. L'idée est intéressante mais, en général, un seul communiqué suffit, dans la mesure où il est expédié à tous les chroniqueurs intéressés. L'espace qu'on consacrera à la nouvelle ne dépend pas du nombre de communiqués émis, mais bien de sa capacité à cerner la vraie nouvelle.

Le communiqué ne devrait pas excéder deux pages, et souvent une page et demie suffit. Il peut comprendre des extraits de la déclaration du porte-parole, ce qui met ainsi en valeur les passages jugés les plus pertinents.

L'approbation

Le communiqué demeure un avis officiel d'une organisation. Il est donc nécessaire d'obtenir, avant de permettre sa diffusion, une approbation officielle. Les autorités ne comprennent pas toujours la logique de la construction de cette forme d'écriture et essaient souvent d'y ajouter de nombreux détails qui viennent noyer la nouvelle ou la perdre dans des considérations mineures. Il faut savoir se battre pour imposer l'essentiel et aussi s'incliner devant les décisions sans appel de ses patrons.

Le travail des journalistes

La plupart des journalistes couvrent plusieurs événements dans la même journée et disposent de peu de temps pour analyser les documents reçus, assister aux événements auxquels ils sont convoqués et rédiger leurs textes. En préparant de façon attentive ce document, on simplifie le travail du journaliste. C'est pourquoi un communiqué bien fait a d'excellentes chances de retenir l'attention du journaliste et d'inspirer la nouvelle qu'il diffusera.

Le communiqué constitue une espèce d'aide-mémoire pour les journalistes. Il est, après le texte principal, l'élément le plus essentiel d'une conférence. Et dans certains cas, à défaut d'avoir le temps de préparer un texte principal, un communiqué bien étoffé peut servir de seule documentation à remettre aux médias et être publié tel quel par ces derniers.

Les notes pour le conférencier

Autant certains conférenciers ont besoin, pour être en confiance, d'avoir recours à un texte écrit qu'ils suivent minutieusement, autant certains autres se sentent mal à l'aise en lisant et préfèrent laisser libre cours à leur éloquence.

Certains d'entre eux rédigent eux-mêmes ou font rédiger, à partir du texte principal, des fiches qui résument les grandes idées qu'ils doivent développer et dont ils se servent pour la déclaration liminaire. Ces fiches ne sont jamais remises aux médias et ne sont que des guides pour le conférencier. Habituellement, elles suivent la construction du texte principal remis aux journalistes.

Le journaliste doit alors porter doublement attention à ce qui se dit pour s'assurer que des informations importantes n'ont pas été glissées dans le texte d'allocution qu'on ne trouve pas dans le texte écrit.

Il y a des avantages et des inconvénients à procéder sans texte. Si un président a de la difficulté à lire un texte et qu'il l'ânonne, c'est le desservir que de lui imposer un texte à lire. Si, par ailleurs, il a tendance à dire n'importe quoi lorsqu'il a la parole, alors il vaut mieux tenter de lui imposer un texte.

Il y a aussi des conférenciers qui ont des débits ennuyeux en lisant. Même si la conférence de presse est un mini-spectacle, il est parfois plus important de livrer un texte lourd sur un ton monocorde que d'improviser sans bien articuler sa pensée. Car parler sans texte est un art qui comporte des écueils plus grands que parler sans conviction.

Et il ne faut jamais croire que les journalistes vont se référer au texte écrit en cas d'ambiguïté. Comme plusieurs d'entre eux enregistrent la conférence, c'est bien ce que dit le conférencier qui prime.

Les textes d'appui

Si le discours et le communiqué constituent les documents de base d'une conférence de presse, on peut y ajouter d'autres documents selon les situations. Ces documents de soutien ajoutent une perspective particulière au sujet à traiter.

Un complément d'information

Ainsi, s'il est question de mettre de l'avant un individu, une biographie plus ou moins détaillée s'impose. S'il s'agit de l'anniversaire d'une entreprise, une courte histoire est de mise. S'il s'agit d'un produit, sa fiche technique est présentée. S'il s'agit du lancement d'une politique, le texte intégral de celle-ci sera remis aux journalistes.

On peut donc retenir que cette série de documents vient renforcer la nouvelle. Ce sont des documents d'appoint pour un journaliste qui veut en savoir davantage. Mais on doit s'assurer que les éléments importants de ces textes figurent dans le texte principal et dans le communiqué, car il n'est pas évident que les journalistes trouveront le temps de lire tout ce qu'on leur aura remis.

Une documentation de base

Lorsqu'une organisation n'entretient pas des relations suivies avec les médias et organise peu de conférences de presse, on peut profiter de cette occasion pour mieux la faire connaître et présenter un profil d'entreprise.

On remet alors des documents d'information, tels une brochure descriptive, le dernier rapport annuel, la dernière politique adoptée, la liste des honneurs qu'a reçus l'organisation. En somme, il s'agit de la mettre en valeur par ces documents.

En certaines circonstances, on joindra une revue de presse qui traite du sujet en question, en éliminant, bien sûr, les textes trop négatifs. Ou on présentera des documents issus d'autres organismes qui viennent renforcer le thème choisi.

Lorsque, par exemple, une entreprise organise une conférence pour annoncer une nouvelle stratégie de communication, elle peut présenter aux médias toutes les pièces de la campagne : annonces publicitaires, affiches, dépliants, macarons et vidéos.

Il faut toutefois limiter cette documentation aux éléments les plus pertinents, car le journaliste ne doit pas avoir l'impression d'être inondé de documentation inutile qu'il n'aura pas le temps de lire de toute façon.

Les notes biographiques

Il est d'usage de rédiger une courte biographie des personnages clefs de la conférence ou tout au moins de celui qui préside la conférence s'il n'est pas déjà connu du public. Ces notes biographiques permettent de mieux situer le conférencier. On peut y ajouter une courte liste des principaux intervenants avec leurs noms et leurs titres.

« Il est aussi d'une grande utilité de faire soigneusement la liste des noms des conférenciers ou des participants à citer, en portant une extrême attention à l'orthographe, aux titres et aux qualifications. Ceci évitera aux journalistes des recherches fastidieuses et à vous-même des soucis ultérieurs lors de la parution des articles, car le nom des personnes a aussi une orthographe. Chacun de nous y tient comme à une partie de soi-même surtout quand le nom est cité dans le journal. Tout ceci tombe sous le sens, mais on l'oublie souvent aussi surprenant que cela paraisse » (Rival, 1961, p. 83).

◈ Un souvenir

Lorsque la conférence de presse donne lieu au dévoilement de sigles, de produits particuliers, on peut remettre aux journalistes un exemplaire de ce sigle, épingle, produit, macaron ou affiche ou tout autre matériel promotionnel dont on a parlé.

◈ La date des documents

Il est essentiel de toujours dater les documents. Le journaliste qui les reçoit doit savoir si le texte est récent ou non. Un document récent peut toujours avoir valeur de nouvelle. Un document plus ancien, sauf exception, a moins d'attrait.

Les photos

La pertinence

Est-il nécessaire de mettre des photos à la disposition des médias ? La réponse se pose à chaque conférence de presse et il n'est jamais possible d'arriver à trouver une réponse juste. Lorsqu'elles sont disponibles, personne ne les utilise. Et lorsqu'il n'y en a pas, il y a toujours un journaliste qui souhaiterait en avoir une.

Habituellement, les médias envoient leur photographe ou camera-man. De ce fait, ils utilisent leurs propres photos qui sont moins statiques que celles fournies par les organisations. Il arrive que des médias de moindre envergure souhaitent recevoir des photos, mais il s'agit en fait d'une clientèle que l'on peut habituellement satisfaire dans les jours qui suivent la conférence.

Lorsque seule une photo peut témoigner de l'objet de la confé-rence, il est alors essentiel d'en distribuer des copies. C'est le cas d'un produit, d'un édifice, d'un prototype ou de tout sujet inaccessible sur les lieux même de la conférence.

En certaines circonstances, de bons documents photographiques peuvent ajouter un caractère original à l'information, attirer l'attention des journalistes et être diffusés, mais c'est l'exception.

Mel Snyder (1969) parle de trois bonnes raisons d'avoir recours à la photographie : « to communicate information quickly ; to create excitement without easily recognized bias ; and to offer graphic proof of intangibles, such as market acceptance, style leadership... »

Le prêt-à-photographier

Lorsqu'une organisation lance un nouveau sigle, par exemple, elle peut remettre des velox et des diapositives du sigle de façon qu'il puisse être reproduit à partir d'une image impeccable. Dans ce cas, les photos de studio sont préférables parce que la lumière a été ajustée sur le fond choisi, des essais ont été faits pour trouver les meilleurs contrastes, toute activité que le photographe du quotidien n'a pas le temps de faire. Le velox est une copie du sigle spécialement réalisée aux fins de repro-duction, appelé également prêt-à-photographier.

Les photos d'archives

Les photos d'archives sont utilisées pour illustrer une situation antérieure. Elles peuvent montrer l'évolution d'un produit, d'une situa-tion, d'un édifice. Dans ce cas, les médias vont utiliser l'ancien et le nouveau. Mais il s'agit là de photos complémentaires à l'action et non des photos de l'action elle-même.

Il est bon alors de faire agrandir ces photos pour permettre à la télévision de les filmer. Et d'en avoir des copies pour les médias écrits qui le souhaiteraient.

La légende

Si des photos sont utilisées, une légende s'impose. Celle-ci ne doit pas être collée au dos de la photo, mais posée en dessous de façon à permettre au journaliste de voir la photo et la légende en même temps.

Il est utile, par ailleurs, d'écrire également le nom des personnages et leur titre derrière la photo, ainsi que la date, car les légendes sont détachées après leur utilisation. Lorsque ultérieurement les médias veulent utiliser la photo, elle est facilement reconnaissable. En écrivant derrière une photo, il faut le faire avec un stylo feutre de façon à ne pas marquer ou percer la photo.

En certaines occasions, seule une photographie sera diffusée. Dans ces cas, la légende doit bien cerner le sujet, car elle sera le seul texte d'accompagnement.

Pour désigner les personnages, il faut éviter de dire : « Sur cette photo vous voyez de gauche à droite... » Ce sont des mots inutiles. On indique : « Dans l'ordre habituel... », ou plus simplement on utilise la parenthèse suivante : (de g. à dr.).

Reilly (1981, p. 139) rappelle de ne jamais attacher une photo et sa légende avec un trombone pour éviter le gondolement de la photo.

Le droit d'auteur

Il est utile d'inscrire derrière la photo des indications sur la propriété de la photo et sur ses droits de reproduction. Dans les années 90, aux Pays-Bas, une agence de communication a utilisé, pour une publicité de McDonald, une photo de quatre chefs cuisiniers sans les nommer, rêvant de manger un délicieux McDonald, dont l'un était le célèbre Bocuse. Celui-ci a poursuivi McDonald pour 3 millions de dollars pour atteinte à sa réputation. Dans ce cas, toutes les précautions n'avaient pas été prises pour une utilisation judicieuse de la photo.

Le matériel audiovisuel

Tout comme pour les textes écrits, la réalisation du matériel audio-visuel demande un soin très particulier. Mais il faut d'abord s'interroger sur la pertinence d'avoir recours à l'audiovisuel pendant la conférence de presse.

La décision

Est-ce que l'image ou le son va apporter une dimension additionnelle à la déclaration ? A-t-on des éléments à montrer, des situations à illustrer où l'image ou le son apportent une contribution significative à la compréhension du message ? Si c'est le cas, il ne faut pas hésiter à utiliser cet apport. Sinon, mieux vaut s'en passer que d'essayer de présenter à tout prix un spectacle audiovisuel qui risque d'indisposer les journalistes par son absence de pertinence.

Mais pour illustrer le fonctionnement d'un appareil, pour présenter l'étendue d'un projet, pour donner les dimensions d'un espace, on peut très bien utiliser l'audiovisuel.

L'audiovisuel peut aussi, lors de la conférence de presse, servir de toile de fond ou de mise en situation. Ainsi, l'annonce d'un spectacle peut être accompagnée de quelques extraits présentés avant et après la conférence.

Le choix

Lorsque la décision d'avoir recours à l'audiovisuel a été prise et acceptée par tous les partenaires, il faut déterminer quel type d'audiovisuel sera utile : un diaporama, une vidéo, un film, une projection de tableaux par rétroprojecteur, des super affiches, des transparents ?

Le choix de chacune de ces techniques dépend de ce qu'il y a à montrer, du temps dont on dispose pour réaliser le message sur le support désigné, des compétences disponibles pour travailler avec l'une ou l'autre technique et des effets recherchés.

Des transparents se réalisent en quelques secondes alors qu'un diaporama ou une vidéo peuvent nécessiter des semaines à produire. Les premiers se réalisent sur une simple machine à photocopier, les seconds exigent un équipement plus sophistiqué. Les premiers peuvent être utilisés avec un rétroprojecteur facile à utiliser, les seconds nécessitent un équipement plus raffiné.

La préparation des scénarios

La décision d'avoir recours à l'une des techniques audiovisuelles étant arrêtée, suivent la construction du scénario, qui permettra aux spécialistes de réaliser le document, et la conception du message, qui comprend la définition de l'image, du son, de la parole et de la musique.

Ce scénario est en quelque sorte le message visuel écrit séquence par séquence avec plan de vue, musique ou dialogue, texte ou silence. On sait alors quelle image aller chercher, quelle musique intégrer au texte, quel dialogue enregistrer. C'est en fait la rédaction du message dans toutes ses composantes.

L'acte d'écriture

La mise en forme du contenu s'organise autour de l'acte d'écriture. Il ne s'agit plus seulement d'avoir de grandes idées, mais aussi de savoir les exprimer par écrit.

La recherche

La première étape consiste donc à ramasser les idées, les faits, les points de vue qui vont venir renforcer l'argumentation que l'on voudra développer. Cette recherche doit être effectuée avec beaucoup de rigueur. Car on ne peut affirmer gratuitement des impressions, des ouï-dire, des rumeurs. On ne doit s'appuyer que sur des faits, vérifier chacun des propos avancés, éviter les approximations, trouver les références, s'assurer d'avoir les dernières statistiques.

La rédaction

La recherche terminée, il reste à mettre en forme ces idées de la façon la plus percutante, réécrire le texte, trouver les images voulues, penser au style. Sans être des chefs-d'œuvre littéraires, les documents remis aux médias doivent être d'une qualité remarquable car les journalistes manipulent le langage écrit à longueur de journée et sont à même de bien saisir la richesse d'une écriture.

Hilton (1987, p. 167) suggère d'utiliser des mots qui peuvent être compris par tout le monde. Il insiste pour éviter les jargons des spécialistes. Et Reilly (1981, p. 137) rappelle les difficultés de traduire en termes simples le travail des scientifiques de même que leur aversion pour les médias. La simplification des faits par les journalistes leur fait peur. À titre d'exemple, une hypothèse intéressante pouvant aider à comprendre les mécanismes pour guérir le sida peut se traduire dans les médias : « Soulagement pour les sidéens : un nouveau remède ». Le relationniste doit donc travailler étroitement avec le scientifique pour arriver avec lui — et cette tâche peut être longue — à un texte qui marie la rigueur et la précision scientifique avec une dimension plus universelle que recherchent les médias. Il faut donc savoir rédiger dans un style purement journalistique.

La révision linguistique

La révision linguistique de tous les textes s'impose. Les journalistes n'hésiteront pas à dénombrer les fautes qu'ils peuvent trouver dans un texte. Ils ont déjà fait les gorges chaudes d'une lettre de 14 fautes que le ministère de l'Éducation avait envoyée dans les écoles pour promouvoir la qualité du français.

Les textes doivent donc être corrigés et revus par un réviseur linguistique compétent avant d'être envoyés aux médias. Il faut toujours un œil extérieur sur un texte, car le rédacteur n'a plus le recul nécessaire sur celui-ci après un certain temps.

La même attention doit être apportée à tous les documents présentés en conférence de presse. Souvent, on oublie de faire réviser les tableaux, les transparents proposés ou les légendes des photos. Il s'y glisse fréquemment des fautes inacceptables.

La vérification

Le communicateur doit vérifier la qualité et l'uniformité des données de tous les documents présentés, en particulier les documents en provenance de sources distinctes. Il arrive en effet que des documents préparés par des organismes distincts présentent des statistiques différentes. Les journalistes les repèrent facilement. Une conciliation des chiffres et des données des divers documents s'impose.

La traduction

Si l'on recherche une couverture nationale ou si l'on considère qu'une partie du public cible visé est de langue anglaise (ou autre), il y aura lieu de faire traduire les textes remis aux journalistes par un traducteur compétent. On confie ensuite la révision de ce texte à une autre personne. Si le traducteur et le réviseur ne partagent pas les mêmes vues sur la traduction de certains concepts, on organise une session de travail avec les deux individus pour harmoniser leur façon différente de traduire.

Le dossier de presse

Le dossier de presse est la somme des textes et documents remis aux journalistes présentée dans une chemise, dans un cartable ou dans une pochette. Il est donc constitué des divers documents dont nous avons déjà parlé.

« Le dossier de presse est un ensemble complet de documents se rapportant à un thème, un événement précis, destiné à la presse. Il contient des faits et leur développement ainsi que de nombreuses informations » (Service d'information et de diffusion du Premier ministre, 1991, p. 62).

« Le dossier de presse doit apporter aux journalistes matière à article, à réflexions, leur permettre de se faire une opinion personnelle et de compléter leur documentation personnelle. Il doit être clair et pratique et le ton adopté doit être informatif ». (Service d'information et de diffusion du Premier ministre, 1986, fiche n° 233).

On remet un tel dossier d'information à chaque conférence de presse et son contenu variera selon chaque événement. Il peut se résumer à un communiqué et au texte de l'allocution glissés dans une simple chemise. Il est cependant habituellement plus élaboré et comprend plusieurs documents sur le thème de la conférence.

Le dossier de presse pourra donc comprendre le communiqué, le texte principal, les photos s'il y a lieu, les notes biographiques, le profil de l'entreprise, les documents d'appoint, le prêt-à-photographier, le programme des activités le cas échéant et même un souvenir si l'occasion s'y prête.

◆ Liste des textes

Lorsqu'il y a plusieurs textes, il est bon de les faire précéder d'une feuille sur laquelle figure la liste ou le sommaire de ces textes.

◈ La distribution

Les dossiers sont remis aux journalistes à leur arrivée de façon qu'ils puissent prendre connaissance du communiqué et du texte de l'allocution au tout début de la conférence. Ceci leur permet de préparer leurs questions et de sélectionner les passages qu'ils veulent enregistrer.

Lowell (1982, p. 297) suggère qu'un dossier de presse avec du matériel de base soit expédié aux médias plusieurs jours avant la conférence de presse pour permettre aux journalistes de mieux se préparer. En réalité, les journalistes travaillent au jour le jour compte tenu de leur nombre restreint dans les salles d'information et des nombreuses activités qu'ils doivent couvrir. Il n'est pas nécessaire de leur faire parvenir le matériel longtemps d'avance et, à vrai dire, c'est plutôt à déconseiller, car les médias risquent de rendre publique la nouvelle avant la date prévue. Si des circonstances exigent que la documentation soit acheminée d'avance, il est utile de mettre l'embargo sur celle-ci, c'est-à-dire de demander aux journalistes de ne pas diffuser l'information avant la date et l'heure indiquées.

Les présentations des intervenants

Comme une conférence de presse met en scène au moins deux intervenants — l'animateur et le conférencier — auxquels s'ajoutent souvent un ou deux autres participants, il est essentiel de préparer des notes qui spécifieront exactement ce dont chacun doit traiter.

Il ne s'agit pas ici de rédiger les textes qu'ils devront présenter, mais plutôt d'arrêter les thèmes et les champs qu'ils devront aborder de façon exclusive.

Il appartient au communicateur de préparer un tel scénario, de le faire avaliser par les intervenants, de le minuter et de le distribuer à chacun d'eux de façon qu'ils aient connaissance de ce dont les autres devront parler et, par le fait même, ce dont ils devront éviter d'aborder. Un modèle de scénario est présenté au point 5.2.

4.8 Les intervenants

Une conférence de presse met en interaction plusieurs partenaires d'une organisation, et parfois même des partenaires d'organisations distinctes. Chacun émet sa vision de la façon dont devrait se dérouler la conférence : qui devrait parler et qui devrait retirer le plus grand bénéfice de cette exposition aux médias.

Le choix et le rôle de chacune des personnes qui sont appelées à intervenir doivent être arrêtés avant la conférence de presse. Qui accueille ? Qui donne le signal du début ? Qui présente ? Qui parle en premier ? En second ? Qui s'occupe d'indiquer aux journalistes leur tour d'intervention ? Qui remercie ?

Pour régler toutes ces questions, un maître d'œuvre de la conférence doit prendre en main toutes les facettes de l'organisation, y compris le choix des intervenants.

Le responsable des communications

La tâche de maître d'œuvre revient habituellement au responsable des communications. C'est en fait le seul spécialiste de cette technique, et c'est lui qui est à même de décider des tâches à réaliser, de la façon de les mener à terme et des personnes-ressources les mieux placées pour y arriver. Pour bien réussir, il doit avoir acquis, au sein de son organisation, une solide réputation et avoir su développer des liens solides de sympathie avec les divers membres de la haute direction.

Il devra donc concilier les désirs et les espoirs de tous les partenaires qui participent à l'organisation de la conférence en justifiant ses décisions par les exigences de la technique. En fait, la conférence de presse ne devrait pas être le lieu de l'expression des ambitions des membres d'une organisation ni une séance de photos pour individu en mal de publicité. C'est le lieu de diffusion d'un message donné. Les autres considérations devraient être éliminées. Les personnes qui prendront la parole auront été désignées d'après leur efficacité à traduire le message.

Après que le choix des intervenants a été arrêté, le responsable des communications doit ensuite convaincre ces personnes de s'exécuter.

Le nombre des intervenants

Le nombre des intervenants et leur statut doivent permettre de mieux affirmer le message. Certains d'entre eux seront appelés à jouer un rôle majeur et d'autres, un rôle de soutien. Tout dépend en fait du sujet traité. Autant que possible, il faut limiter à une seule personne le soin de s'adresser aux médias.

Si plusieurs organisations sont partenaires d'une conférence de presse, il faut alors choisir celle qui parlera au nom des autres. Dans ces circonstances, toutefois, il est difficile de ne pas donner la parole à la plus haute autorité de chacune des organisations. Mais encore il faut en établir l'ordre de préséance en tenant compte du statut et de la personnalité de chacun, le plus important parlant habituellement le dernier.

Dans le cas où deux ministres président à l'annonce d'un programme partagé, le protocole peut aider à départager l'importance d'un rang par rapport à un autre. Dans d'autres circonstances, on peut désigner comme porte-parole le représentant de l'organisation la plus prestigieuse, ou le représentant de l'organisation qui joue le rôle le plus actif dans l'objet de la conférence. Dans tous les cas, c'est toujours une étape délicate, compte tenu de l'ego de certains dirigeants ou de la rivalité qui peut exister entre des individus ou des organisations.

À côté des intervenants majeurs, il est utile de désigner un nombre limité de conseillers qui seront appelés à répondre aux différentes questions techniques qui pourraient être posées au cours de la conférence.

Enfin, certains individus insisteront pour assister à la conférence comme observateurs. Il faut, dans toute la mesure du possible, les en dissuader. La conférence de presse n'est pas un spectacle mais une technique de communication...

S'il y a un seul groupe ou une seule organisation, le sujet touche-t-il plusieurs unités à l'intérieur de l'organisation ? Dans ce cas est-il utile de faire parler un représentant de chacune des unités ?

« En outre, quand plusieurs orateurs sont sur les rangs, des questions de hiérarchie ou de personne peuvent cabrer les uns contre les autres et vous amener ainsi à un choix qui ne serait pas l'idéal. (...) Une solution, dans ce cas-là, consiste à leur diviser le travail. Confiez l'introduction au premier, les développements techniques au second et demandez au troisième de répondre aux questions » (Rival, 1961, p. 83). Quoique cette proposition semble rationnelle, il est difficile de partager dans les faits les tâches de cette façon. Les journalistes préfèrent entendre la plus haute autorité.

Une exception toutefois tolère la redondance du discours. C'est lorsque plusieurs organisations veulent amplifier le message en reprenant chacune à leur tour les mêmes axes. De ce fait, on donne une impression de force et de partage des idées. Dans ces situations, le but de la conférence de presse est de livrer certes un message donné, mais surtout de démontrer la force d'attrait du message puisque plusieurs organisations se l'approprient.

Dans le cas où il y a des intervenants d'horizons divers, le maître d'œuvre convenu entre les parties aura la tâche de les convoquer, de préparer les documents de base, de concilier les demandes et de coordonner les activités de chacun. Il agira alors comme centre de concertation.

Si, par ailleurs, ce sont des questions de contenu qui justifient la présence de plus d'un conférencier, le plus important parle d'abord pour situer l'objet de la conférence, et les autres viennent en préciser des aspects en second lieu. Il est essentiel que le volet couvert par chacun des conférenciers soit bien défini et bien précis pour éviter les redondances. « Par exemple, un bilan chiffré peut être présenté par un « technicien » ; les conclusions et projets exposés ensuite par un « politique ». Mais attention de bien harmoniser les deux » (Service d'information et de diffusion du Premier ministre, 1986, fiche n° 234).

À leur intention, il est utile de préparer un scénario qui porte sur le déroulement de la conférence de presse et qui situe bien le rôle et le temps d'intervention de chacun.

La présence de trop d'intervenants peut nuire à une conférence. Le quotidien *La Presse* a déjà fait une nouvelle d'une telle situation : « Quatre ministres pour annoncer un modeste programme d'aide aux érablières ». Le journaliste Denis Lessard (1988) rappelait qu'à cause de la campagne électorale en cours ces personnalités « n'ont pas raté une chance d'apparaître à la conférence de presse ». C'est l'effet boomerang.

Trop de monde sans relation directe avec l'événement peut amener les médias à s'en moquer.

Le conférencier

Cette personne doit être celle dont le statut est le plus élevé ou le plus crédible dans la hiérarchie de façon à prêter au message toute la force dont est revêtu le porte-parole. De ce fait, le problème de sa désignation ne se pose habituellement pas.

Tout se passe bien si la personnalité pressentie pour tenir le rôle de porte-parole de l'organisation accepte sans détour de rencontrer les médias. Le problème se complique lorsqu'elle hésite, se laisse influencer par les commentaires qu'elle entend, et surtout lorsqu'elle est prête à céder sa place à un autre membre de la haute administration qui rêve de jouer ce rôle mais qui, pour toutes sortes de raison, n'est pas la personne idéale pour faire face aux médias. Il faut alors convaincre la première personne pressentie d'accepter de rencontrer les journalistes et écarter le collègue qui insiste pour accomplir ces tâches, sans pour autant blesser sa susceptibilité. Car sa collaboration ultérieure pourra être encore utile.

Il faut se souvenir qu'il n'y a pas de président qui soit trop important pour ne pas vouloir parler aux médias et que les seconds violons sont moins attrayants pour ceux-ci. La routine journalistique privilégie les vedettes, les noms connus et les personnalités controversées qui sont sujets à de « bonnes » nouvelles. Le conférencier doit exercer un certain attrait pour les journalistes (newsworthy). Plus le conférencier sera connu, plus il attirera l'attention des journalistes et par le fait même celle du public. Compte tenu de ces remarques, on comprend pourquoi le choix du conférencier n'est pas difficile à arrêter. Pour attirer l'attention des médias, le nom du conférencier est habituellement désigné dans la convocation.

À défaut d'une personnalité qui va attirer les journalistes, un thème intéressant peut suffire. Ainsi, lorsque l'athlète canadien Ben Johnson dut rendre sa médaille olympique en 1988, le président du comité olympique canadien a dû répondre à de nombreuses questions. Sans être une personnalité connue, il était le plus apte à faire face aux questions brûlantes du moment.

Il arrive dans certaines circonstances que le président d'une compagnie ou d'une organisation soit complètement paralysé par l'idée d'affronter les médias. Certains ont en effet beaucoup de difficulté à s'exprimer en public et ne s'y sente pas du tout à l'aise. On demande alors à la haute autorité de dire quelques mots et on la remplace par une personne qui représente, de par son statut, cette autorité de façon crédible. Ou alors, c'est l'animateur qui présentera les grandes lignes de l'exposé. C'est toutefois l'exception.

Dans des situations délicates, on peut demander au directeur des communications, qui se convertit alors en porte-parole officiel, de lire la déclaration d'une organisation. Dans ces cas, il ne s'agit habituellement pas de bonnes nouvelles à annoncer. Et les journalistes reprochent alors à la haute autorité de se cacher lorsqu'il est temps d'affronter ses responsabilités.

Ces situations doivent faire l'objet de sérieuses réflexions. Vaut-il mieux être accusé de se défiler, ou se présenter à une conférence de presse pour être placé au banc des accusés et où chaque question constitue une accusation ? Lorsque l'on sait comment les journalistes peuvent, à partir de questions, construire leurs articles, on peut comprendre que certains chefs d'organisation, en certaines circonstances, préfèrent se montrer discrets.

Le conférencier retenu ne devra pas se montrer hautain, n'essayera pas de répondre n'importe quoi en pensant que les médias vont tout accepter, saura se sentir à l'aise devant les médias ; toutes ces tâches sont délicates, car habituellement les hautes autorités n'ont pas l'habitude de ce genre de manifestation et ce comportement ne s'improvise pas facilement. Le porte-parole doit être choisi en tenant compte du sujet à développer, de sa crédibilité et de sa facilité à affronter les médias.

« Ceux qui devront prendre la parole au cours de la manifestation devront avoir les qualités communes à tous ceux qui parlent en public. Bonne articulation, élocution aisée, vocabulaire clair. Par dessus tout, ils devraient être audibles et aussi bref que possible… Celui qui connaît le mieux le sujet peut être un mauvais conférencier » (Rival, 1961, p. 83).

Les conseillers

Le responsable des communications devra déterminer, avec le conférencier, les personnes-ressources requises pour répondre aux questions plus techniques des journalistes.

« Il va sans dire que le président de la conférence peut s'appuyer sur un ou deux de ses collègues, invités à l'accompagner en raison de leur compétence dans la matière en question. Encore faudrait-il que ces spécialistes, s'ils n'ont pas l'habitude de ce genre de rencontre, soient délicatement mais clairement prévenus contre toute dissertation technique. Les journalistes veulent des réponses brèves, éclairantes mais concises » (Dumont-Frénette, 1971, p. 343).

Ces personnes ne sont pas appelées à prendre la parole d'office. Elles sont présentes pour fournir des explications supplémentaires et précises aux questions des journalistes. Elles ne prennent donc la parole que si le conférencier principal les y invitent. Il n'appartient pas, par ailleurs, au spécialiste de donner les raisons d'une décision, mais d'en expliquer le fonctionnement. Les raisons appartiennent au politique.

L'animateur

Il est d'usage de désigner une personne comme maître de cérémonie de la conférence de presse. Cette personne est utile pour remplir un certain nombre de tâches qu'il serait incongru de confier au conférencier.

Tout d'abord, au début d'une conférence, il est utile d'imposer un léger temps d'arrêt pour obtenir le silence de la salle et prévenir les journalistes que la conférence va commencer.

Il appartient ensuite à l'animateur d'exposer les règles du jeu : qui va parler, combien de temps, quel sera le temps dévolu aux questions.

Puis il présentera le conférencier avec ses attributs et titres de gloire. On voit mal le conférencier se présenter lui-même. Il lui appartiendra également de présenter les différents conférenciers les uns après les autres s'il y a lieu. À moins que le scénario ne prévoie que chacun d'eux présente le suivant.

L'animateur peut être le responsable des communications, un employé de l'organisation habile à cette tâche, un animateur professionnel engagé pour l'occasion, l'une des personnalités de l'organisation qui souhaitait participer activement à la conférence mais dont les interventions de contenu ne justifiaient pas la présence. Ou encore, on peut demander à une personnalité plus connue de l'organisation de tenir le rôle d'animateur. Il y a aussi des individus dont la présence s'impose lors d'une conférence de presse sans qu'on sache très bien quoi leur faire dire. Ils peuvent alors jouer le rôle d'animateur.

C'est le responsable des communications qui décide de la nécessité d'avoir recours à un animateur professionnel d'une firme-conseil, de nommer une autre personne pour présenter le conférencier et animer la conférence ou de diriger lui-même la séance d'information.

L'animateur ne doit jamais intervenir dans le débat. À la rigueur, pendant la période de questions, il pourra, par son expérience, secourir un officiel qui se fait un peu trop presser par des journalistes.

L'animateur doit bien s'assurer du nom, prénom et titre exact de chacune des personnes qu'il devra présenter. De plus, il devra apprendre à dire les noms difficiles et se sentir à l'aise en public pour donner le ton de la conférence.

Le recours à un animateur professionnel s'impose s'il s'agit d'une manifestation de grande ampleur, où personne de l'organisation ne veut casser la glace au début de la conférence. Il s'agit là toutefois de situations d'exceptions.

Les observateurs

Une conférence de presse s'adresse d'abord et avant tout aux journalistes. Mais de nombreux observateurs souhaitent y assister. D'abord les membres du cabinet du président ou du ministre ; ensuite les membres de la haute administration ; puis, les membres de la direction des communications ; enfin, les membres des organisations amies. Il arrive donc malheureusement trop souvent que de nombreux « invités » se présentent à la conférence de presse pour assister au « spectacle » ou pour voir comment ça se passe.

La règle à retenir est la suivante : la conférence de presse est réservée aux médias. Ce n'est pas un événement public où chacun peut assister à sa guise. Hormis les cas où il est nécessaire de meubler la salle pour éviter qu'elle paraisse vide, il faut réduire au minimum les observateurs qu'ils soient membres de l'organisation ou d'organisations amies. Les courriéristes parlementaires se sont déjà plaints qu'à chaque conférence de certains ministres il se trouvait dans la pièce une quinzaine de personnes rattachées au ministère et donc non journalistes. Les journalistes n'aiment pas qu'une conférence de presse devienne un cirque pour les curieux. Et ils ont horreur des touristes qui viennent voir comment ça se passe.

« Une conférence de presse n'est pas à confondre avec une activité mondaine à laquelle sont conviées toutes les personnalités locales » (Laliberté, 1981, p. 94).

Le responsable des communications doit faire un choix judicieux parmi les personnes qu'il autorisera à venir à la conférence et doit s'assurer à ce titre de l'appui indéfectible du président qu'il aura sensibilisé aux inconvénients des invitations amicales. En fait, une conférence de presse est une réunion de travail avec des journalistes. Ceux qui n'ont pas à intervenir ne doivent pas être présents. C'est la règle générale à suivre.

Même s'il est difficile de refouler à la porte des individus qui se disent invités, la menace préalable d'être refoulée à l'entrée constitue un moyen dissuasif suffisant.

« Dans le cas où vous estimez essentielle la présence de certaines personnes pendant la conférence de presse, invitez-les à titre d'observatrices ; faites en sorte que les règles du jeu soient bien claires pour qu'elles interviennent le moins possible lors de la période de questions réservée aux journalistes » (Geoffroy et Dubuc, 1980, p. 30).

En fait, les observateurs ne devraient jamais intervenir. Le danger de la présence de ces observateurs, c'est qu'ils ont tendance à vouloir préciser des points habituellement mineurs. Ils doivent être prévenus qu'ils ne peuvent prendre la parole que si on le leur demande expressément et qu'ils n'ont pas à poser de questions à la place des journalistes. La même remarque s'applique également au responsable des communications qui doit avoir la même réserve qu'on exige des observateurs.

◈ Les membres de l'organisation

Souvent des membres de l'organisation insistent pour assister à la conférence ou obtiennent ou prétendent détenir une invitation expresse du président. Habituellement, ces gens ont sollicité cette invitation qui leur a été accordée machinalement parce que le président n'avait pas encore été sensibilisé à cette question. Il est difficile de les empêcher de venir, mais il faut s'assurer que ce sera la seule et dernière fois.

◈ Les partenaires

L'attrait de la conférence de presse s'exerce également sur les partenaires de l'organisation, surtout les partenaires directs qui pourraient être intéressés par les décisions annoncées.

S'ils peuvent apporter une caution à l'objet de la conférence, il est utile de les inviter. L'invitation peut se faire par téléphone ou par écrit. Dans ces circonstances, il est bon, au début de la conférence, de mentionner leur présence dans la salle. Si ces personnes n'apportent rien à la conférence, ni comme prestige ni comme contribution, il n'est pas nécessaire de les inviter.

En pratique, il se glisse toujours quelques amis partenaires dans une conférence de presse. Il est alors difficile d'exclure quelqu'un qui est déjà sur place, mais il y a lieu de faire de sérieuses recommandations s'il y a abus, après coup.

Lorsque des observateurs ou des invités sont acceptés à la conférence, on doit s'assurer avant le début de la conférence que l'on possède bien leur nom et celui de l'organisme auquel ils appartiennent. C'est toujours un peu gênant pour un responsable des communications de ne pas pouvoir donner au journaliste qui le demande le nom de la personne qui parle avec son président. Il est donc utile d'avoir une liste des invités, avec leur titre et l'organisme qu'ils représentent.

La peur de voir accourir des amis ne signifie pas, par ailleurs, de cacher l'existence de la conférence auprès des partenaires de l'organisation. Au contraire, il est bon d'en parler à ceux qui travaillent dans le même secteur pour s'assurer qu'ils n'organiseront aucune manifestation publique cette même journée. Mais il n'est pas inutile de leur rappeler que la conférence de presse n'est réservée qu'aux journalistes.

◆ Les organisations rivales

En certaines occasions, se présentent parfois des représentants d'organisations rivales venus chercher des informations de première main. À ce niveau, il existe un principe de réciprocité : on accepte un tel représentant qui bien sûr saura être discret en échange de quoi on pourra assister à la conférence de presse de l'autre partie en temps opportun.

◆ Les contestataires

Enfin, en de très rares occasions, des contestataires peuvent envahir la salle et profiter de la tribune médiatique qui leur est offerte pour faire connaître leur opposition à l'objet de la conférence ou pour distribuer leur documentation. Ils revendiquent parfois le statut de journaliste en précisant qu'ils travaillent pour le journal, la revue ou le bulletin de liaison du groupe donné.

Ces individus n'hésitent pas à prendre la parole et à poser aux conférenciers des questions embarrassantes, souvent bien documentées, mais pas toujours véridiques. Ou alors, ils vont contester tout simplement la position de ceux qui organisent la conférence. De plus, il arrive qu'ils monopolisent la période de questions, ce qui prive ainsi les journalistes de leur droit de parole.

Il s'agit de situations extrêmement délicates. Les tolérer, c'est accepter que la conférence soit perturbée. Les chasser, c'est perturber la conférence. Dans un cas comme dans l'autre, ils auront réussi à créer un mouvement de contestation et animer une controverse que savent exploiter les médias.

La solution qui s'impose s'ils ne veulent pas discrètement quitter les lieux, c'est de les accepter, d'écouter leurs doléances et, à la période de questions, de démolir leur argumentation. On prépare d'avance les intervenants à une telle situation et on leur propose des ripostes aux arguments de ces groupes contestataires. En aucun cas l'agressivité ou le dénigrement n'est payant. Très souvent, ils se discréditent eux-mêmes par leur ton revendicateur et leur refus d'écouter les réponses qui leur sont fournies. S'ils jouent bien les règles de la conférence et s'ils posent des questions délicates, ils deviennent partie intégrante de l'événement.

La préparation des intervenants

Le responsable des communications devra rencontrer les différents intervenants, s'assurer qu'ils connaissent bien le rôle qui leur a été assigné et qu'ils seront bien préparés à la rencontre avec les médias.

◆ Le conférencier et ses collaborateurs :
   l'appropriation du contenu

Le succès de la conférence repose sur le conférencier qui devra être bien encadré. Dans un premier temps, il est essentiel qu'il saisisse toutes les dimensions du texte qu'il aura à présenter. Le texte doit être revu avec ses principaux collaborateurs et chaque affirmation, parfaitement comprise et intégrée.

Le conférencier doit lire tous les documents et le communiqué remis à la presse afin de ne pas être pris au dépourvu si des questions lui sont posées.

Cette séance de préparation a lieu habituellement la veille de la conférence de façon à permettre à toutes ces informations de bien s'ancrer dans la tête du conférencier. Il serait souhaitable de tenir une telle rencontre plus tôt avant la conférence, mais dans les faits l'emploi du temps de chacun ne permet cette rencontre qu'en dernier lieu.

◆ Le conférencier et les participants : la séparation des tâches

Lorsque plusieurs intervenants doivent animer la conférence, il est essentiel de tenir une réunion le matin même de la manifestation pour arrêter le scénario du déroulement de l'événement et s'assurer que le partage convenu des tâches entre eux sera respecté.

Cette réunion des différents intervenants permet de s'assurer qu'ils sont tous sur la même longueur d'onde et que les propos tenus par les uns et les autres seront complémentaires et non répétitifs. C'est l'occasion de faire les dernières mises au point, de rappeler aux participants les points forts à faire ressortir, les éléments sur lesquels on a convenu d'être discrets, et les réponses aux questions attendues des journalistes. Elle permet aussi d'arrêter la marche à suivre pendant la période de questions au cours de laquelle les participants doivent laisser le conférencier principal diriger les débats et donner la parole aux uns et aux autres selon les questions posées et leurs compétences à y répondre.

Les participants doivent se montrer solidaires du conférencier et éviter d'apporter des nuances contradictoires à ses propos. Les seules nuances utiles à apporter sont celles qui permettent aux journalistes de mieux saisir la portée d'une intervention.

◈ Les éléments d'ordre pratique

Avant la conférence, le directeur des communications précisera un certain nombre de questions d'ordre pratique qui varient selon les circonstances. À titre d'exemple, en certaines circonstances, le conférencier parlera debout soit derrière un lutrin, soit derrière un micro, ou alors il restera assis pour présenter son texte. Il n'y a pas de règle établie mais cette question doit faire l'objet d'une analyse précise. Parler debout donne un caractère plus solennel à la présentation, parler assis donne un caractère plus technique. Par ailleurs, le conférencier peut se sentir plus à l'aise dans une position que dans l'autre.

Le conférencier doit prendre connaissance du scénario prévu et préciser au responsable des communications le temps dont il dispose. A-t-il un autre rendez-vous après la conférence ? Doit-il quitter à une heure précise ? Peut-il respecter le scénario prévu ?

On conviendra aussi du ton ou de l'atmosphère à donner à la conférence de presse : détente, sérieux, gravité, tout dépend de l'objet de la conférence.

Enfin, le conférencier acceptera-t-il de parler dans les deux langues officielles. Sa connaissance de l'anglais est-elle suffisante pour lui permettre de s'exprimer dans cette langue ? Selon la réponse, l'animateur présentera aux médias les règles du jeu à cet effet.

◈ La façon de travailler des médias et des journalistes

Le responsable des communications doit expliquer la façon de travailler des journalistes, en rappelant qu'ils ne sont pas là pour tendre des pièges, mais pour obtenir toutes les informations nécessaires relatives à l'objet de la conférence. C'est plutôt le porte-parole qui peut se piéger en ne répondant pas aux questions qui lui sont posées. Certes, il arrive, dans certaines circonstances, que le conférencier ait déjà émoussé sa crédibilité par certaines déclarations antérieures. Il n'est pas étonnant alors de voir les journalistes le serrer d'un peu plus près.

Par ailleurs, les intervenants doivent savoir que tout ce qu'ils vont faire, dire et exprimer par leur physionomie sera rediffusé tel quel. Si le porte-parole a l'habitude de se mettre continuellement la main dans les cheveux pour s'assurer que tout est bien en place, il est possible que cette habitude soit reproduite à la télévision.

Au moment de la conférence, ce n'est pas le moment des confidences. Ainsi, les propos « hors micro » (off the record) doivent être proscrits. Le principe à retenir est celui-ci : si une information ne doit pas être rendue publique, la seule façon de la protéger, c'est de ne pas la dévoiler aux journalistes. En ayant recours à l'approche « hors micro », les journalistes sont saisis du fait qu'une information sensible vient d'échapper au porte-parole.

Tout ce que dira le conférencier sera répété, même ses blagues, et surtout si elles sont incongrues. Il en sera de même s'il utilise des mots familiers ou populaires pour expliquer sa pensée. Certains journalistes peuvent corriger ces mots parfois déplacés pour leur donner un caractère plus officiel, mais d'autres vont les présenter tels quels. C'est ainsi qu'un ministre québécois qui parlaient « des maudites grosses anglaises » à des journalistes a vu ces propos reproduits tels quels dans les médias. Quant aux mots anglais utilisés pour qualifier certains objets, ils seront repris tels quels eux aussi.

Au cours d'une conférence, le porte-parole doit éviter de mettre en cause d'autres groupes sans leur consentement exprès et ne jamais parler au nom d'une tierce personne. Si des gens ou organismes se sentent compromis par les propos tenus, ils n'hésiteront pas à nier les affirmations qui les concernent.

Les journalistes de la presse écrite et de la presse électronique ne posent habituellement pas les mêmes questions. Compte tenu que les premiers « disposent d'un peu plus de temps et d'espace pour traiter les nouvelles » (Huot, 1994, p. 8) alors que les seconds doivent condenser dans un espace-temps de quelque 60 secondes les propos du porte-parole de l'organisation et replacer l'intervention dans son contexte, l'un ira en profondeur, l'autre se concentrera sur l'essentiel. Le premier pourra utiliser les informations retenues dans de multiples articles au cours des jours et des semaines suivantes. Le second n'en parlera plus.

Quoi qu'il arrive, le conférencier ne doit jamais montrer son agacement ou développer une certaine forme d'agressivité envers les journalistes, car cette attitude se retourne automatiquement contre celui qui l'adopte.

Les intervenants doivent être préparés au fait qu'il est possible que peu de journalistes ne viennent ou qu'aucune télévision n'assiste à l'événement. En tout temps, le scénario doit se dérouler comme il a été prévu sans donner l'impression aux journalistes déjà présents qu'ils ne sont pas assez importants pour justifier le début de la conférence.

◆ Comment se comporter pendant la conférence de presse et en entrevue ?

Si les conseils peuvent être utiles dans la préparation d'une conférence de presse, il n'y a rien de mieux qu'une simulation pour bien comprendre toutes les facettes d'une telle manifestation.

En fait, pour mettre en confiance le porte-parole, un exercice pratique s'impose, au cours duquel il comprendra ce que veut dire suivre une ligne directrice pendant la conférence et il apprendra à décliner en deux ou trois arguments l'essentiel du message à transmettre.

Ces exercices pratiques peuvent se faire à l'intérieur même de l'organisation si elle possède les ressources et l'expertise utiles. Sinon, les firmes-conseils de relations publiques peuvent réaliser ces tâches.

Le porte-parole peut ainsi apprendre à lire un texte devant les caméras. C'est à ce moment qu'il découvre lui-même s'il est bon ou mauvais lecteur, s'il est mieux assis ou debout, s'il est capable de trouver un rythme ou non. On peut alors essayer la méthode des fiches. Tous ces essais sont filmés sur vidéo, analysés en groupe et aident à choisir la meilleure option. Tous ceux qui doivent prendre la parole en public devraient un jour ou l'autre suivre une telle démarche.

Ensuite, on simule la période de questions. Dans un premier temps, le porte-parole est laissé à lui-même face à des questions que lui posent de présumés journalistes. Dans un deuxième temps, on développe les grands axes de la conférence : quelles sont les deux ou trois idées maîtresses qui doivent être retenues. On recommence ensuite l'expérience avec les mêmes questions que la première fois, mais on demande au conférencier d'essayer, dans chacune de ses réponses, de livrer le contenu des axes retenus.

Après quelques exercices, on arrive à pouvoir formuler des réponses qui véhiculent les messages utiles. C'est ce que Hilton (1987, p. 34) veut dire lorsqu'il parle d'élaborer des ponts entre ce que l'interlocuteur demande et ce que le porte-parole veut dire. Ainsi à une question précise, on peut répondre : « Posons le problème sous un autre angle » ; ou encore « Prenons le problème dans son ensemble ». Ces exercices permettent également d'apprendre à faire face aux entrevues de radio ou de télé de 30 secondes.

Mais certains hommes politiques abusent de cette approche. Parlant du comportement de Brian Mulroney pendant la campagne électorale de 1984, un journaliste disait : « Tu pouvais lui poser n'importe quelle question, ça n'avait pas d'importance, parce qu'il donnait toujours la même réponse : « This campaign is about change » » (Cormier, 1991, p. 40).

Cette préparation des intervenants permet de les familiariser avec les méthodes de travail des médias, les initie aux interviews et surtout leur fait comprendre la nécessité de bien ancrer dans leur tête les deux ou trois idées maîtresses qui doivent ressortir de toute conférence de presse en composant leur réponse de façon à intégrer ces éléments essentiels.

L'étude des questions-réponses

C'est sans doute la tâche la plus délicate, car certains journalistes connaissent habituellement très bien le sujet et savent poser des questions complexes. D'autres connaissent moins bien la portée des thèmes discutés et sont davantage portés à rechercher l'élément nouvelle plutôt qu'à fouiller la complexité des dossiers. En fait, ils cherchent à se faire confirmer ou infirmer une hypothèse. Ou ils veulent tout simplement avoir des éléments d'information supplémentaires pour donner un peu plus de personnalité à leur compte rendu.

L'orateur doit toutefois se préparer à faire face à toutes sortes de questions pour lesquelles on lui aura fourni, au moins en partie, des éléments de réponses. « C'est le rôle du relationniste de collaborer…à un exercice qui permette de prévoir, autant que possible, les questions qui pourraient être posées » (Dumont-Frénette, 1971, p. 343) et de préparer les réponses pertinentes.

« Prévoyez des réponses susceptibles d'être adressées au conférencier sur son sujet ou sur des points chauds de l'actualité sur lesquels on pourrait aussi vous questionner » (Fédération des Commissions scolaires catholiques du Québec, 1988, p. 51).

Cette préparation des réponses se fait de la façon suivante : le relationniste doit se demander, s'il était journaliste, quelles seraient les questions qu'il aimerait poser. Comme le relationniste connaît bien son organisation, il aura tendance à formuler des questions pièges. Et se fera répondre par le porte-parole que les médias ne vont pas poser de telles questions car ils ne connaissent pas le contexte. C'est exact, mais c'est en prévoyant des réponses à toutes les questions éventuelles et en ayant réfléchi à toutes les avenues possibles qu'on se prépare le mieux.

Par ailleurs, pour la préparation de la période de questions, le relationniste peut avoir recueilli lors de rencontres précédentes les préoccupations de certains journalistes face à certains sujets.

Toutefois, on doit s'attendre à des questions inattendues. L'humour peut toujours aider à se sortir de certaines questions délicates. L'important, c'est de ne pas perdre son sang-froid. Et éviter d'affirmer des propos que l'on devra ensuite récuser en disant que les mots ont dépassé sa pensée.

Dans certains cas d'exception, une conférence de presse peut exclure la période de questions. On assiste alors à la seule lecture d'une déclaration. L'animateur, au début de la conférence, peut annoncer qu'il y aura une présentation de l'objet de la conférence sans période de questions. C'est le cas où une conférence s'impose pour clarifier certains points mais où les personnes responsables ne veulent pas livrer d'informations supplémentaires. Le conférencier principal lit le message, puis se précipite à l'extérieur laissant l'animateur avec les journalistes. Ou encore lorsqu'une personnalité est pris en conflit et annonce qu'elle démissionne. Elle lira le texte dans lequel elle expliquera sa démission et refusera de répondre aux questions en signalant qu'il n'a rien d'autre à ajouter à ce qui vient d'être dit.

Les journalistes n'apprécient guère ce genre de situations. Mais elles sont parfois inévitables. Lorsqu'on a annoncé le début de la guerre du Golfe, une seule déclaration a suffi, sans question. L'animateur ou le conférencier utilisera la phrase d'usage : « Vous comprendrez sans doute que, dans ces circonstances, il nous est impossible de répondre à vos questions ». Le conférencier remercie ensuite les journalistes et quitte rapidement les lieux avant que la pression des personnes présentes ne l'oblige à se défendre et à expliquer pourquoi il n'y a pas de période de questions. Car, pour les médias, le droit du public à l'information prime toutes les raisons d'État, toutes les circonstances atténuantes.

La question fait la nouvelle

En journalisme, la question posée peut, à elle seule, créer la nouvelle. En fait, ce n'est pas la réponse qui est importante, mais la question. C'est un procédé qui, utilisé par quelques journalistes en mal de nouvelles fortes, peut devenir vicieux. Dans ces cas, la nouvelle sera l'acquiescement ou le démenti. À titre d'exemple, un journaliste peut poser la question suivante : une rumeur circule voulant que... Qu'en pensez-vous ? La réponse officialisera la rumeur et la nouvelle deviendra : telle personnalité nie la rumeur voulant que... C'est ainsi que le journaliste crée une rumeur et l'accrédite en faisant réagir une personnalité. Ces soi-disant rumeurs peuvent faire beaucoup de tort à une personne ou à un groupe...

Il faut aussi apprendre à traiter des questions hors contexte, comme demander à un ministre de l'Éducation, à l'occasion d'une conférence sur une nouvelle politique d'éducation des adultes, ce qu'il pense des condoms à l'école. Peu importe la réponse, elle fera la manchette. Mais la question n'avait rien à voir avec l'objet de la conférence de presse.

Comme le procédé est utilisé par certains journalistes, on apprend à gérer de telles questions. Mais il est difficile de contourner un journaliste qui a décidé de faire sa nouvelle à partir de sa question.

La question est un tremplin

Hilton (1987, p. 34) recommande de ne pas s'éterniser à expliquer l'état de la situation devant une question délicate, mais en venir rapidement à la réponse. Il est toujours possible de se servir de toute question des médias comme tremplin pour faire passer le message principal qui constitue la raison d'être de la conférence de presse. Une conférence de presse est un échange et non une inquisition. Il ne faut pas hésiter à prendre l'initiative si les questions posées permettent d'affirmer un point de vue favorable à l'objet de la conférence, sans se laisser emprisonner par la question du journaliste.

« Auparavant, le service de presse (du général de Gaulle) s'était enquis auprès de certains journalistes des questions qu'ils avaient l'intention de poser, pour s'assurer qu'aucun thème prévu par de Gaulle ne serait oublié. Et pourtant, le 11 avril 1961, le général avait provoqué les rires en demandant : « Quelqu'un m'avait posé une question au sujet de Ben Bella, n'est-il pas vrai ? » alors que personne ne l'avait fait mais la réponse était prête » (Passeron, 1991).

Les médias électroniques

La pratique des médias électroniques exige un exercice mental particulier : résumer en 30 secondes le message livré en 20 minutes n'est pas facile. Il faut donc apprendre à donner une entrevue et à développer l'art de ramasser en une demi-minute l'essentiel des propos de la conférence.

Le responsable des communications peut préparer des phrases-synthèse, mais il revient au conférencier de savoir proposer des citations clefs qui seront reprises par les médias électroniques. Tout ceci demande un apprentissage et un travail de réflexion et de recherche avant la conférence de presse.

Lorsque les intervenants sont bien préparés à cette période de questions, tout est maintenant prêt à ce chapitre pour la rencontre avec les médias.

4.9 La production du matériel

Il reste à produire les documents requis pour la conférence. L'ampleur de cette production dépend des décisions qui ont été prises précédemment.

Les documents écrits

L'impression

Le texte principal fera-t-il l'objet d'une édition originale ou sera-t-il seulement photocopié ? S'il est seulement photocopié, le texte devra être dactylographié proprement avec une présentation soignée et imprimée de façon contrastée.

Si on destine ce texte à une large diffusion après la conférence de presse, l'édition du texte s'impose. Un graphiste devra alors décider du format, du papier sur lequel on veut l'imprimer, du graphisme de la page couverture, du nombre de couleurs que l'on souhaite, du type de reliure que l'on vise. Toutes ces étapes doivent être suivies par le responsable de la production d'une organisation ou être accordées par contrat à une maison spécialisée. Elles nécessitent du temps, voire plusieurs jours, et entraînent des coûts parfois importants.

Pour ce qui est de l'impression, il existe un principe universel : la photocopieuse que l'on utilise pour imprimer les textes à la dernière minute tombe habituellement en panne. Comme l'impression se fait après les heures de bureau ou tôt le matin, il faut repérer d'avance une photocopieuse de rechange.

Les documents de soutien

Le communiqué est habituellement photocopié. Mais les autres documents que l'on remet dans le dossier de presse peuvent subir différents traitements. Un dépliant peut être réalisé en deux couleurs seulement ou en quatre couleurs avec photos, par exemple.

Chaque document à distribuer aura la facture correspondant à l'image que l'organisation veut donner d'elle-même. Les rapports annuels sont, à ce titre, de bons exemples de la qualité de production que recherchent les organisations. Cette qualité varie selon le statut de celles-ci.

Le dossier de presse

Le dossier de presse peut se réduire à une simple chemise ou être fabriqué principalement pour la manifestation : en tissu ou en cuir, aux couleurs de la compagnie, avec son nom et son sigle sur la page couverture. Certaines pochettes sont fabriquées sur papier glacé, d'autres comprennent des photos ou des illustrations imprimées sur la page couverture. Il faut alors choisir la couleur de la page frontispice, le graphisme, l'illustration ou la photo, le texte qui y sera imprimé. Elle peut prendre la forme d'un porte-documents que pourra conserver le journaliste.

La pochette de presse constitue également une signature de l'organisation. Le choix de sa fabrication variera selon son importance et son statut. Si l'on a recours aux pochettes traditionnelles, il faut savoir où se les procurer sur le marché.

Si l'on décide d'en faire fabriquer, les désire-t-on avec deux ou trois rabats, avec des compartiments à gauche ou à droite, dans le sens de la largeur ou de la longueur ? La pochette peut être fabriquée uniquement pour la circonstance ou peut servir pour l'ensemble des manifestations de l'organisation.

Les organisations qui ont souvent recours aux dossiers d'information ont toujours en réserve de telles pochettes. Pour les plus petites organisations, le problème se pose à chaque circonstance.

Il existe des dizaines de modèles différents de pochettes. Les maisons de graphisme peuvent participer au choix en tenant compte des besoins exprimés et des coûts souhaités. Ce qu'il faut retenir ici, c'est qu'il y a un choix à faire et que celui-ci appartient au responsable des communications.

Il faudra également s'assurer que la pochette possède une épine assez large pour pouvoir contenir les documents insérés. Autrement, elle paraîtra gonflée et inadéquate.

Comme l'assemblage des différents documents qui iront dans la pochette se fera manuellement, il faut donc mobiliser quelques personnes pour ce faire. Car monter quelque 30 pochettes avec trois, quatre ou cinq documents à disposer dans les deux volets de la pochette peut prendre un certain temps.

Les cartons d'identité

Nous avons mentionné plus haut qu'il peut être utile de fournir l'identité des conférenciers avec un carton placé devant leur place à la table de conférence. Pour donner à ces cartons une dimension professionnelle, il faut donc prévoir leur composition, vérifier l'orthographe des noms et s'assurer d'avoir les supports pour bien les faire tenir devant chaque conférencier.

L'invitation

Si l'on choisit d'expédier des cartons d'invitation en guise de convocation, plutôt qu'une simple feuille de papier, ils devront être imprimés. La démarche de révision linguistique, de composition et d'impression s'impose encore ici.

Le contenu de ce carton sera expliqué au chapitre sur les relations de presse. Sa présentation doit être soignée : la qualité du papier, la dimension du carton, l'utilisation de la couleur traduisent l'image de l'organisation.

Pour ce qui est de la qualité, retenons que l'utilisation du carton glacé ou du papier bristol plutôt que la convocation traditionnelle peut donner un certain prestige à la manifestation. On peut aussi souligner la préoccupation de l'organisation pour la protection de l'environnement en utilisant du papier recyclé. Le texte sera imprimé en une ou deux couleurs selon la décision du responsable des communications.

Des enveloppes de la grandeur adéquate pour accueillir les cartons devront être disponibles. S'agira-t-il d'enveloppes avec le sigle de l'organisation ou uniquement blanches ? La qualité des enveloppes importera aussi.

Dans des circonstances bien particulières, l'invitation peut se faire sous une forme originale qui colle à l'événement. À titre d'exemple, on pourrait expédier une invitation à la conférence de presse portant sur un grand prix automobile sous forme d'un bout de papier glissé dans une voiture sport miniature, ou imprimer sur un ballon l'invitation pour présenter le programme d'un festival. À l'occasion de la Saint-Valentin, on a déjà utilisé une invitation en forme de cœur en employant toutes sortes de matériau. Il s'agit là toutefois d'exceptions. Ces convocations originales attirent l'attention. Dans les années 80, pour l'ouverture de son bureau à Québec, la firme Communication Caramel a utilisé une boîte magique en bois qui ne pouvait s'ouvrir que d'une certaine manière et dont le secret n'était révélé que sur place et qui contenait, bien sûr, des caramels.

Une fois l'invitation conçue, suivent l'adressage, l'insertion et l'expédition, toutes tâches qui demandent temps et soin. L'adressage doit être fait au nom d'individus bien désignés, si possible.

L'expédition doit être contrôlée également. Les courriers express de 24 heures prennent parfois 48 heures si vous ratez l'heure de départ quotidien des véhicules, d'où la tendance à utiliser le télécopieur qui est plus sûr si l'on est aux prises avec un échéancier serré. L'agence de diffusion Telbec demeure très efficace pour l'expédition d'un grand nombre de convocations et pour le rappel.

Les documents audiovisuels

Un texte fait avec rigueur sera toujours acceptable. Un document audiovisuel a besoin, en plus de la rigueur, d'être techniquement impeccable, car les gens ont l'habitude de voir ces documents à la télévision et sont devenus de plus en plus exigeants.

La production des documents audiovisuels demande donc la mise en commun d'un ensemble de connaissances techniques particulières. Ainsi, pour produire une bande vidéo, il faut arrêter un synopsis, repérer les endroits à filmer, faire les prises de vue, choisir la musique, étudier les dialogues et réaliser le montage du document.

La réalisation d'une affiche ou d'une bande sonore, par exemple, exige également le recours à des spécialistes qui sauront traduire dans ces supports le message souhaité. Les photos devront être suffisamment contrastées pour être utilisées de façon adéquate.

Lorsque l'on travaille en audiovisuel, une idée ramassée en quelques lignes devra s'animer sous des images et du son. C'est souvent lorsque le document est en train de se réaliser que l'on se rend compte que le résultat ne sera pas ce qu'on souhaitait. Pour éviter ces déceptions de dernière minute, il faut bien prendre le temps de franchir chacune des étapes de réalisation, et de travailler avec des spécialistes dont c'est le métier de traduire des idées en images. On ne s'improvise pas spécialiste de l'audiovisuel parce l'on aime prendre des photos ou parce que l'on ne craint pas d'utiliser la caméra vidéo.

Dans certaines circonstances, même des spécialistes peuvent passer à côté du message. Il faut donc travailler en symbiose et étroitement avec ces experts pendant toute la durée de la conception et du tournage pour s'assurer que l'image rend bien l'idée voulue.

Pour participer de façon intelligente à ces étapes de production, un sens très précis du sujet à débattre et de l'environnement socioculturel dans lequel il sera présenté est requis. Ainsi, des images de plan d'eau au coucher de soleil avec des bateaux qui circulent peuvent donner un apport très poétique à un document. Mais, s'il s'agit de faire la promotion d'un Québec indépendant, il faut savoir que souvent les bateaux arborent le drapeau du pays dans lequel ils circulent. Et il sera trop tard au montage pour se rendre compte que tous les bateaux laissent flotter fièrement un drapeau du Canada. Ou encore des amoureux en canot à la tombée de la nuit dénotent un certain romantisme, mais, s'ils ne portent pas de gilet de sauvetage, le message peut être l'objet de critique parce que ses vedettes donnent un mauvais exemple... Le réalisateur du document aura produit de belles images et une émotion réelle, mais il laissera de côté des préoccupations pratiques essentielles à l'image de l'organisation. Un œil vigilant s'impose donc au moment de la production.

De plus, dans ces documents doit s'exprimer le respect de certaines préoccupations sociales. Quel rôle donne-t-on aux hommes et aux femmes ? Présente-t-on des personnes qui appartiennent à des minorités visibles ? Certains passages peuvent-ils choquer certains groupes ?

La production n'est donc pas seulement un ensemble d'images juxtaposées, mais aussi une attitude, un rapport avec le monde environnant, une ouverture d'esprit et une grande complicité avec les sensibilités du moment.

Les autres documents

Outre les documents écrits et audiovisuels, il est utile de produire un certain nombre de documents connexes. Nous avons parlé plus haut de la décoration des murs de la salle et de l'arrière-scène. Selon les choix qui auront été faits, on agrandira des photos d'archives, on imprimera sur du tissu le slogan de la campagne, on réalisera les tableaux à présenter sur transparents.

Dans chaque cas, il s'agira de s'assurer que l'idée à transmettre est claire, que les documents pour l'appuyer existent, et que le temps et l'argent nécessaires pour leur mise en forme sont disponibles. On constate souvent un peu tard que les coûts sont plus élevés que prévus ou que les délais de production sont trop longs.

En certaines circonstances, on remettra un objet aux journalistes. Ce peut être une épinglette, un crayon ou stylo aux couleurs de l'organisation. Il y a des catalogues qui répertorient des dizaines d'objets souvenirs. La réalisation de ces objets prend du temps, implique des coûts et doit servir l'image de l'organisation. Les cadeaux d'un goût douteux laissent toujours une mauvaise impression.

4.10 Les relations de presse

La conférence de presse est organisée à l'intention expresse des médias pour qu'ils diffusent le message souhaité, ce qui implique une démarche pour attirer leur attention et pour leur faire connaître l'existence de la manifestation.

Cette démarche peut être animée par le responsable des relations avec les médias, l'attaché de presse, le directeur des communications ou la firme-conseil engagée pour l'occasion.

La convocation

Les médias prennent connaissance de l'événement par un avis de convocation. Il s'agit en fait d'une invitation à venir assister à la conférence. On utilise donc indifféremment le terme de convocation ou d'invitation, quoique le terme de convocation a une consonance plus directive, alors que le mot invitation est plus convivial.

◆ Sa présentation

L'avis de convocation est habituellement rédigé comme un simple communiqué, mais il porte en titre, au lieu du mot communiqué, le mot invitation ou convocation. Il se présente généralement sur une feuille standard, format lettre. On peut avoir recours à un carton lorsque la conférence s'insère dans une manifestation plus large, ou à tout autre moyen original pour transmettre l'avis.

« Il faut certes que votre invitation soit remarquée parmi la multitude de celles qui sont adressées quotidiennement aux journalistes, mais il est nécessaire qu'elle le soit, non parce que son originalité est de pure forme, mais parce qu'elle a un lien étroit avec l'événement qu'elle annonce » (Rival, 1961, p. 79).

Dans tous les cas, il s'agit d'un texte très court, qui se limite à un minimum d'informations pratiques et utiles sur la conférence : le sujet ou le but de la conférence, l'organisation qui la tient, le lieu et l'heure où elle se déroule et le nom de la personne à qui s'adresser pour avoir des renseignements supplémentaires. Ces précisions doivent apparaître visuellement au premier coup d'œil afin de faire gagner du temps au journaliste.

Huot (1994, p. 32) précise qu'on peut utiliser le vocable « Invitation aux médias » s'il s'agit d'une rencontre d'information où les médias ne sont qu'un des partenaires invités, alors que le terme « conférence de presse » désigne une manifestation qui regroupe essentiellement des journalistes.

Le sujet

L'invitation doit contenir une brève information sur les raisons de la convocation. Mais elle ne doit pas révéler la nouvelle. Tout journaliste aime savoir pourquoi il se déplace. Il faut annoncer le but de la conférence et indiquer certains détails de nature à capter l'attention des médias sans pour autant donner l'information complète (Dagenais, 1990). Si le journaliste possède l'information essentielle, il jugera alors sa présence moins justifiée.

S'il est question, par exemple, de faire connaître un investissement important, l'annonce de la convocation pourra tout simplement préciser que des décisions concernant le futur de l'entreprise seront rendues publiques. Les journalistes tenteront certes d'en savoir davantage par toutes sortes de questions. Cependant, la nouvelle doit être réservée pour la conférence, sans pour autant donner de faux indices qui risquent d'être publiés et nuire à la nouvelle elle-même.

Il est inutile d'affirmer que des nouvelles importantes seront diffusées, car cela va de soi. Si une conférence de presse est convoquée, c'est que l'organisation détient des informations importantes. Autrement, il n'est pas nécessaire de faire appel aux médias. La convocation peut toutefois devenir une nouvelle en soi et les informations qu'elle contient peuvent être reprises dans une brève nouvelle ou dans le calendrier des événements du jour.

La personnalité

Il est utile de mentionner le nom de la ou des personnalités qui prendront la parole. En réalité, une personnalité, par son nom ou par son titre, attire les journalistes. On ignore peut-être qui est Monsieur X, mais on connaît la renommée du président de la Corporation McDonald. S'il y a plusieurs invités de marque, on les présente en ordre de préséance sur le carton.

La date et le lieu

On trouve sur l'avis de convocation la date, l'heure et le lieu inscrits de façon très claire, comme dans l'exemple ci-dessous.

DATE : le 29 février 1996
HEURE : 10 h
LIEU : Tel édifice
        Telle adresse
        Telle salle
        Tel numéro de téléphone

La signature

Si l'organisation est peu connue, il est intéressant de la présenter brièvement en un court paragraphe pour aider le journaliste à la situer.

Il faut également prévoir le nom, l'adresse, le numéro de téléphone du groupe qui convoque ainsi que le nom d'une personne-ressource (la source) qui pourra fournir des informations additionnelles aux journalistes s'il y a lieu.

Toute invitation peut être expédiée soit par l'organisation elle-même, soit par la firme-conseil retenue. L'identité de l'organisation hôte doit toutefois être clairement affichée. Parfois, lorsque l'organisation a recours à un cabinet-conseil, c'est le nom de celui-ci qui apparaît comme source. Les journalistes souhaitent également disposer des coordonnées de l'organisation.

◈ Les éléments secondaires

L'embargo

S'il y a lieu de laisser les journalistes prendre connaissance, quelques heures avant le début de la conférence, de documents, surtout s'ils sont denses ou volumineux, il faut le mentionner dans l'invitation et préciser si ceci se fera à huis clos ou si l'embargo est mis sur ces documents.

À huis clos, les journalistes ne peuvent quitter la salle où ils sont réunis tant et aussi longtemps que la conférence n'a pas débuté. En aucune façon, ils ne peuvent communiquer avec l'extérieur. C'est le cas du dépôt du Budget au parlement du Québec.

Mettre l'embargo sur un document signifie qu'on demande aux journalistes de respecter l'heure et la date signifiées pour la diffusion du document. Il s'agit là d'un engagement moral que prennent les journalistes. Mais l'organisation n'est jamais à l'abri d'une fuite qui lève alors l'embargo.

Le plan

Si l'endroit où la conférence de presse se déroule n'est pas au centre-ville, on peut y joindre un plan succinct ou un tracé détaillé de la route à suivre pour s'y rendre.

Le stationnement

Si des places de stationnement sont réservées pour les journalistes, il faut indiquer où elles se trouvent et comment ils devront donner leur identité pour y avoir accès.

L'après-conférence

Si un buffet, cocktail, goûter est prévu après la conférence, on peut inclure sur la convocation, à la toute fin, une information à cet effet.

La liste de presse

Le succès d'une conférence de presse se mesure par la présence, la qualité, la participation des journalistes qui seront sur place, et surtout par une couverture étendue et favorable de l'événement (Schneider, 1970, p. G.22). La liste de presse est donc un outil de travail important et sa confection s'impose comme élément essentiel au bon fonctionnement d'une conférence de presse : réunir les journalistes les plus aptes à bien saisir le contenu et les mieux placés pour le diffuser.

Pour ce faire, il faut déterminer avec précision la nature de l'information que l'on désire diffuser (économique, sociale, culturelle) et arrêter la liste des journalistes appropriés. Si la tâche est relativement aisée dans les régions, il n'en est pas de même dans les grands centres urbains. Encore faut-il savoir que, dans les régions, les salles de rédaction sont réduites à un seul journaliste cumulant le rôle de photographe ou d'animateur selon le média. De ce fait, il dispose de moins de temps pour couvrir les événements.

Cette liste doit se préparer en s'inspirant du message à diffuser et du public à rejoindre. Un journal de cégep peut être le meilleur média pour rejoindre une certaine clientèle, par exemple.

Le choix des journalistes

L'invitation doit s'adresser à l'ensemble des médias et à tous les journalistes pouvant être intéressés par la nouvelle. On invite donc des journalistes et des médias. Pour n'oublier personne, il faut d'abord dresser une liste complète des médias qui couvrent la région, puis la liste des journalistes intéressés par le secteur d'activité touché.

Cette liste se compose par famille de médias : la presse écrite (les quotidiens, les hebdos et les mensuels), la radio (AM et FM) et la télévision, sans oublier les médias régionaux ou communautaires.

À l'intérieur de chaque média, il y aura lieu de relever le nom des chroniqueurs spécialisés, du chroniqueur affecté au secteur d'activité concerné, du directeur de l'information, du chef de pupitre ou de nouvelles, des responsables de certaines rubriques ou de certaines pages, des éditorialistes, en particulier ceux qui couvrent le secteur en question. Cette liste sera construite suivant l'intérêt que porte un média à certaines informations et suivant la vocation de l'organisation hôte.

Il est utile d'avoir sur ses listes le nom du directeur de l'information en plus du journaliste qui couvre habituellement le secteur d'activité visé. De cette façon, on est assuré que l'un et l'autre seront informés de l'activité à venir. Il sera d'une part facile pour le journaliste de mettre à son programme l'activité en question et d'informer son directeur de l'information de l'importance ou de la pertinence d'y participer. D'autre part, s'il est en vacances ou absent, le directeur de l'information pourra transmettre l'invitation à quelqu'un d'autre. Ainsi, il y a deux personnes qui pensent à l'importance d'assister à l'événement.

Il n'est pas dans les usages de demander au chef de pupitre ou d'information d'envoyer nommément un journaliste couvrir une conférence de presse. Si la présence d'un journaliste en particulier est souhaitée, il est préférable de lui adresser l'invitation directement. C'est le privilège de la rédaction d'affecter à la couverture des événements les journalistes de son choix.

En plus du journaliste, c'est aussi le média qui est visé par l'invitation. Dans les salles de rédaction et de nouvelles, la personne qui distribue les tâches le matin doit connaître les activités de la journée. Ce ne sont pas seulement les journalistes qui sont invités mais aussi les cameramen, les photographes.

Dans les médias électroniques, les recherchistes des émissions d'information, d'affaires publiques, de spectacles peuvent trouver intérêt à la nouvelle.

À côté des grands médias d'information, il existe des médias spécialisés, notamment les médias ethniques, religieux, scolaires, les revues qui visent des clientèles plus circonscrites : sportives, financières, récréatives. Selon le genre d'activités concernées, il peut être utile d'avoir, par exemple, la liste des journalistes canadiens et étrangers en poste à Montréal, et, à Québec, la liste des chroniqueurs parlementaires ou tout au moins l'adresse de la presse parlementaire où l'on peut faire parvenir en bloc les invitations pour tous les journalistes. De toute façon, il n'y a pas de médias secondaires dans une conférence de presse. Plus il y a de journalistes, plus large sera la diffusion.

Les agences de presse constituent des alliés exceptionnels. Un seul de leurs journalistes peut compenser l'absence des autres. Au Québec, la principale agence de presse est la Presse Canadienne et son réseau NTR. Une agence de presse est une entreprise offrant aux médias qui y sont abonnés un service de diffusion de nouvelles et d'informations par un réseau de téléscripteurs. Ces nouvelles et informations ont été recueillies et sélectionnées par des journalistes et des correspondants employés par l'agence et sont dites non commanditées parce que les sources ne paient pas pour que leurs communiqués ou informations soient diffusées. Une information diffusée par une agence de presse élargit l'audience et cautionne la valeur de l'information.

Une liste de presse ainsi préparée permet une diffusion générale ou sélective de l'information, facilite la tâche des communicateurs au moment de la convocation et constitue la base d'un fichier permanent. En fait, convoquer le mauvais journaliste, c'est donner des coups d'épée dans l'eau.

Il faut également placer tous les médias sur un « pied d'égalité et ne pas donner l'impression que tel média a été éliminé parce qu'il n'était pas assez important » (Schneider, 1970, p. G.22).

Une liste de presse doit être dressée en tenant compte du territoire desservi par l'organisation et de l'importance de la nouvelle. En fait, il est utile d'avoir une liste permanente que l'on repasse avant chaque manifestation pour s'assurer que l'on n'a oublié personne. C'est à partir de cette liste que le communicateur diffusera son avis de convocation et les documents utiles après la conférence de presse.

Une liste de presse bien tenue et à jour permet aussi au communicateur de repérer facilement le journaliste de tel ou tel média avec lequel un contact a déjà été établi. Bref, elle peut épargner bien du temps et des énergies et permet de rejoindre le maximum de journalistes utiles.

Le Club de presse Blitz de Montréal publie « Le répertoire Blitz des médias du Canada », qu'il met à jour régulièrement et dans lequel il propose des listes de médias et de journalistes par secteur d'activité. Il s'agit d'un outil fort complet.

Les journalistes qu'on ne souhaite pas voir

Aucune discrimination n'est acceptable dans les invitations. Ne pas inviter un journaliste pour l'écarter, c'est s'exposer à coup sûr à un article négatif contre cette façon de faire. Si une conférence est organisée, ce n'est certes pas pour susciter des animosités dès le départ. Un journaliste oublié ou rejeté aura contre l'organisation une mauvaise dent et pourra s'en souvenir longtemps.

Si, pour une raison ou l'autre, un journaliste a développé un parti pris négatif face à une organisation, ce n'est certainement pas en l'écartant qu'on réussira à le faire changer d'idée.

Un journaliste qui écrit qu'une organisation pollue alors que c'est vrai n'est pas de mauvaise foi, même si des efforts louables ont été entrepris par l'organisation pour contrer la pollution. Aucune organisation n'est parfaite. Et refuser aux journalistes le soin de faire leur travail critique, c'est fausser le jeu des relations de presse. Dans ces circonstances, il vaut mieux ne pas faire de conférence de presse. Les Mohawks d'Oka, en 1990, qui avaient écarté certains journalistes parce qu'ils n'étaient pas d'accord avec leur reportage furent critiqués de sévère façon.

Plusieurs invitations dans le même média

Nous avons noté que c'est autant le journaliste que l'on invite que le média. Il peut parfois arriver qu'une même information puisse concerner différents chroniqueurs d'un même média. Comme nous l'avons expliqué pour la diffusion du communiqué, tous doivent donc recevoir l'invitation. Ainsi, une information économique comme le lancement d'un nouveau produit alimentaire intéressera autant le chroniqueur économique que le chroniqueur de la consommation qui pourra traiter de la valeur nutritive du produit. Il faudra donc chercher dans chaque information la façon de l'exploiter davantage.

S'il n'est donc pas déplacé d'envoyer une convocation à plusieurs personnes dans un même média, certains journalistes ne l'apprécient guère et considèrent ceci comme du gaspillage car, selon eux, une seule invitation devrait suffire. Certes, il ne s'agit pas d'inonder ni d'aller à la pêche dans un média, mais de se souvenir que plusieurs chroniqueurs et journalistes peuvent s'intéresser à la nouvelle.

« Les journalistes techniques ou spécialisés doivent être invités avec leurs collègues de l'information générale ; même s'ils ne sont pas directement concernés, ils suivent la vie des sociétés dont les activités techniques les concernent » (Lougovoy, 1974, p. 86).

Bien connaître les journalistes

La qualité du contact, la compréhension et la sympathie que peut établir un communicateur avec les journalistes peuvent être fort utiles. Ces relations se cultivent tout au long des années et ne peuvent être développées à l'occasion d'une seule rencontre.

Dans ces rapports, les intérêts de chacun doivent être évalués : le désir de l'organisation de passer son message le plus intégralement possible, de la façon la plus vivante, et auprès du plus large public, et l'intérêt du journaliste, son idéologie, son éthique professionnelle, sa curiosité, la course au scoop, sa carrière et ses devoirs d'information auprès du public.

Lorsque le responsable des communications a développé de bons contacts avec les médias, ses invitations sont reçues d'une façon positive ; les journalistes le connaissent et ils peuvent se fier à son travail professionnel.

Les mises à jour

Une liste de presse est périssable et doit être mise à jour de façon régulière, c'est-à-dire tous les trois mois, si nécessaire, pour les principaux interlocuteurs. Les chroniqueurs spécialisés changent d'affectation à tout moment dans l'année. Et les organisations n'en sont pas toujours informées. On ne prête pas toujours attention à une nouvelle signature dans un secteur donné.

Clark (1986, p. 57), dans un article intitulé « Checklist : getting your news releases through », rappelait que la revue pour laquelle elle travaillait avait déménagé depuis quelques années et qu'elle recevait toujours du courrier à l'ancienne adresse. Elle racontait aussi que des collègues qui avaient quitté la revue depuis longtemps recevaient toujours du courrier à leur nom.

On considère comme une perte de temps de revoir ses listes. Mais c'est l'image d'efficacité de l'organisation qui est ternie lorsqu'on utilise des informations désuètes. Envoyer une invitation à un chroniqueur qui a changé de secteur depuis six mois démontre une absence de suivi de ses listes de presse.

L'expédition

❖ Le délai

L'invitation doit parvenir plusieurs jours avant la tenue de la conférence de presse. En fait, le nombre de jours varie selon les circonstances. La date des Jeux olympiques est connue quatre ans avant leur tenue, mais il est aussi possible de convoquer une conférence de presse dans un délai de deux heures s'il y a urgence.

En temps normal, un délai d'une semaine est suffisant. Ce délai permet aux médias et aux journalistes de prévoir l'emploi de leur temps et de planifier la couverture de l'événement surtout si une autre activité survient au même moment. Toutefois, dans le cas de la presse hebdomadaire, il faut s'assurer de ne pas rater leur journée de bouclage si leur présence s'avère utile.

Un délai de deux semaines est acceptable, mais celui d'un mois est beaucoup trop long. Les invitations se perdent alors dans le flot des invitations quotidiennes.

Il est préférable d'avoir une invitation écrite. L'écrit confirme l'authenticité de l'organisateur de la manifestation, donne les détails sans crainte d'erreur et demeure comme un rappel constant à la disposition du journaliste.

❖ L'agence Telbec

Très souvent lorsqu'une conférence de presse vise de nombreux médias, on a recours à l'agence de diffusion Telbec. Cette agence diffuse, contre rémunération, tous les textes qu'elle reçoit à l'ensemble des médias d'une région de façon quasi instantanée et sans discrimination. Canada News Wire remplit les mêmes fonctions au Canada anglais.

On utilise également l'agence Telbec lorsque les délais sont courts. L'expédition est presque instantanée et ce procédé permet ainsi de gagner quelques jours sur la poste. Le texte est acheminé au chef de pupitre qui le remet à la personne la plus intéressée, selon lui, par le sujet traité.

L'agence Telbec permet également de rejoindre plusieurs journalistes à l'intérieur d'un même média, si l'on prend soin d'adresser le texte à plusieurs responsables ou de façon plus sécuritaire, mais plus onéreuse, d'expédier quelques Telbec à différents responsables. Chacun aura alors sa copie.

❖ La poste

Si une seule invitation a été expédiée par l'agence Telbec, il est utile d'envoyer des invitations plus personnalisées par la poste à certains chroniqueurs ou à certains médias spécialisés.

Si la poste est retenue comme seul mode d'expédition, un délai plus long est requis et l'envoi pourra être affranchi à l'aide de timbres ou de compteurs automatisés. L'affranchissement par timbre ajoute une dimension plus personnelle.

❖ Le téléphone

Lorsqu'il n'y a que deux ou trois journalistes à inviter, comme cela peut se produire en région où il n'y a qu'un hebdo et un poste de radio, on peut effectuer les invitations par téléphone. Il est utile, toutefois, pour éviter toute ambiguïté de confirmer l'invitation par télécopieur ou par courrier. On utilise également le téléphone lorsqu'il s'agit de convoquer d'urgence une conférence de presse. On peut ainsi en quelques minutes rejoindre l'ensemble des principaux médias d'une région.

❖ Le télécopieur

Le télécopieur devient un système d'expédition de plus en plus pratique. Il permet une diffusion rapide et tend à remplacer les autres modes d'expédition.

◈ L'autoroute électronique

Les progrès de la technologie permettent aujourd'hui de rejoindre rapidement un grand nombre d'individus ou de cibles bien désignées, en ayant recours à divers moyens — le texte, l'image, la couleur, le mouvement, le son — pour leur transmettre des informations. De plus en plus d'entreprises et d'agences-conseils utilisent ce moyen rapide et efficace qu'est l'autoroute électronique pour atteindre certaines clientèles. Ce moyen doit être couplé toutefois avec d'autres modes d'expédition plus traditionnels pour s'assurer que tous les journalistes qu'on souhaitait rejoindre reçoivent la convocation.

◈ Le messager

Lorsqu'il n'y a qu'un petit nombre de médias à rejoindre, on peut aussi utiliser un messager pour aller porter l'invitation. Le Club de presse Blitz offre, pour la région de Montréal, un service de livraison de presse quatre fois par jour.

Le rappel

Dans les vingt-quatre heures précédant la conférence, soit la veille ou le matin même de la conférence, un rappel à tous les médias à qui a été envoyée la convocation s'impose. Cet appel sert à la fois :

— à vérifier si la convocation s'est bien rendue, que quelqu'un est au courant de la tenue de la conférence et que la date et l'heure de son déroulement ont bien été notées ;
— à rappeler la conférence aux médias qui auraient pu l'oublier ou égarer l'invitation ;
— à confirmer la présence d'un journaliste. Il ne faut donc pas présumer que le sujet de la conférence est si intéressant que les médias vont se déplacer d'office ;
— à faire prendre conscience de la nécessité d'être présent à cette conférence en donnant des explications supplémentaires de nature à éveiller l'intérêt de l'interlocuteur ;
— à permettre un contact direct avec les journalistes avant la conférence ;

— à connaître éventuellement du journaliste pressenti le nom d'un collègue qui pourrait le remplacer s'il ne peut venir et le nom de journalistes des autres rubriques qui peuvent être intéressés par la nouvelle ;

— à sensibiliser les chefs d'information ou de nouvelles à l'existence de la manifestation. Il est possible que celui qui a pris connaissance de l'invitation ne soit pas celui qui sera présent le matin des affectations.

Malgré la confirmation des médias, il arrive souvent que les journalistes attendus n'assistent pas à la conférence de presse. En effet, les exigences de l'actualité, ou les besoins du média, peuvent faire en sorte qu'un journaliste qui prévoyait venir soit affecté à une autre activité. Huot (1994, p. 4) raconte qu'il organisa un jour une conférence de presse à laquelle n'assista aucun journaliste, car un terrible accident mortel bloquait l'entrée de l'hôtel où se déroulait la conférence et attira l'attention des journalistes, photographes et cameramen venus couvrir la conférence.

Par ailleurs, si un journaliste de la Presse Canadienne confirme sa présence et qu'il assiste à la conférence, il peut rejoindre tous les médias en même temps.

Lorsque qu'un média ne peut envoyer de représentant, on retient son nom pour lui faire parvenir le dossier de presse au moment où commence la conférence de presse.

Il est inutile d'insister auprès d'un média pour couvrir une manifestation si ce n'est pas dans son champ d'intérêt. On sait que des médias nationaux comme *Le Devoir* accordent peu d'attention aux nouvelles trop locales. Il est donc superflu d'insister. Mais il arrive que de jeunes relationnistes ne connaissent pas toutes ces subtilités et téléphonent à tout le monde, les mettant tous sur le même pied.

La nouvelle doit être présentée de façon à susciter un certain intérêt pour le média. La violence au hockey n'est pas de nature en soi à intéresser le *Bulletin des agriculteurs*. Mais, si le Cercle des Fermières prend position sur ce thème parce que, dans les campagnes, les enfants se blessent trop souvent, la nouvelle vient de prendre un nouvel éclairage. Il appartient au relationniste d'exploiter ou d'imaginer les ponts qui vont le rapprocher des divers médias dont il recherche la couverture. Les rappels et les téléphones doivent donc être faits avec discernement.

« Par votre appel vous pourrez peut-être faire changer d'avis ceux et celles qui avaient décidé de ne pas répondre à votre convocation. Vous pourrez aussi inviter le journaliste à amener un photographe. Si vous avez utilisé Telbec, faites un rappel très tôt le jour même de la conférence » (Fédération des Commissions scolaires catholiques du Québec, 1988, p. 50).

Dans certaines circonstances, on fait également un rappel par Telbec. Cette démarche permet de rejoindre l'ensemble des médias. On se réserve les appels téléphoniques pour les médias les plus importants pour l'organisation.

Le suivi des demandes

Lors de ces rappels, les journalistes vont essayer d'avoir plus d'informations sur la conférence et peut-être même tenter de connaître la nouvelle qui sera annoncée. Il faut donc être réservé et bien spécifier que les détails de la nouvelle seront expliqués au cours de la conférence de presse.

Par ailleurs, certains vont profiter de l'occasion pour demander des documents. Ils expliqueront qu'ils ne pourront assister à la conférence mais souhaitent obtenir le dossier d'information. Ou ils demanderont des documents annexes. Dans ce cas, un mécanisme pour donner une suite immédiate à ces demandes s'impose. S'il est vrai que, dans les dernières heures avant la conférence de presse, il y a beaucoup à faire, la personne responsable des relations avec les médias devrait être entièrement disponible pour donner suite à toutes ces demandes.

On doit donc instaurer une permanence pour les médias quelques heures avant, pendant et tout de suite après la conférence de presse de façon que tout journaliste puisse parler à une personne de la direction des communications. Ainsi, lorsque les journalistes téléphonent, ils pourront trouver quelqu'un au bout du fil pour leur répondre. On ne doit pas faire attendre 24 heures un journaliste qui travaille pour la prochaine demi-heure. Toute l'équipe des communications d'une organisation, notamment les secrétaires ou téléphonistes qui reçoivent les appels, doivent apporter à ceux-ci une attention particulière et les diriger en priorité vers les personnes présentes qui pourront leur répondre adéquatement.

Idéalement, les personnes qui répondent au téléphone doivent mémoriser le nom des principaux journalistes qui couvrent le secteur d'activité dans lequel évolue l'organisation, et le numéro de téléphone des principaux médias. Ainsi, par le nom du journaliste ou par le numéro de téléphone, il est possible d'accorder un suivi rapide à l'appel, même si le journaliste ne s'est pas nommé comme tel.

4.11 Le budget global

Le budget alloué à une conférence doit être arrêté au moment de la préparation de la logistique. Le budget global est la somme du budget de l'organisation matérielle et technique, des ressources humaines et des productions techniques.

Les coûts qui peuvent être prévus varient selon les cas. Ils comportent des faux frais (le secrétariat et les postes) et des frais réels (le coût de la salle et du café s'il y a lieu).

Les tâches exécutées par les employés de l'organisation, les postes budgétaires, comme le téléphone ou le courrier, comptabilisés dans les frais généraux réduisent les coûts directs de l'opération. Si des spécialistes sont requis, il faut compter entre 10 et 50 heures de travail selon l'importance de la recherche, de la rédaction, de la logistique et du personnel nécessaire, à des taux horaires variant entre 25 $ et 125 $ selon les services exigés.

Le budget disponible définit souvent à lui seul la nature des interventions à réaliser et la qualité et la quantité des publications utiles. Mais la capacité de négocier de celui qui est chargé d'organiser la manifestation et son pouvoir de conviction dans la recherche de commandite peut permettre, avec un budget réduit, de réaliser une conférence de haut niveau. En fait, savoir trouver la qualité des services requis au moindre coût constitue un atout.

Le responsable du budget devra ensuite s'assurer que toutes les dépenses ont été autorisées au préalable, que des devis ont été signés pour chaque service demandé, que les factures correspondent aux devis et aux services donnés. Même si cela constitue l'exception, il arrive que des prestataires de services facturent un montant plus élevé que ce qui avait été négocié ou que ce qui fut effectivement livré. Tous les spécialistes des communications connaissent des exemples où les facturations ont été majorées de façon abusive.

Même si les coûts indirects ne sont pas comptabilisés lorsqu'on organise une telle manifestation, il est intéressant, à l'occasion, de chiffrer tous les coûts en personnel et en ressources qu'a entraînés la tenue de la conférence de presse. Ils sont habituellement énormes lorsqu'on considère le temps/personne investi dans la préparation des documents et la réalisation de toutes les étapes. La compilation de ces coûts donne une idée véritable de ce que coûte l'organisation d'une conférence de presse.

BUDGET DE L'ORGANISATION MATÉRIELLE

Activités *Coût à évaluer*

La réservation d'une salle :

Le matériel :
      Chaîne stéréo
      Magnétoscope et téléviseur
      Rétroprojecteur et écran
      Truie
      Magnétophone
      Tableau
      Téléphone et télécopieur

La décoration de la salle :
      Agrandissement de photos
      Laminage
      Graphisme
      Autre

Les ressources humaines :
      Secrétariat
      Photographe
      Animateur
      Firme-conseil
      Rédacteur
      Technicien
      Hôte
      Sécurité

Le traiteur :
      Café
      Biscuits
      Repas

La production :
      Conception graphique
      Dossiers
      Textes

Dépliants
Cartons d'invitation
Documents audiovisuels
Traduction
Composition
Impression

La diffusion :

Poste
Télécopieur
Telbec

L'évaluation :

Revue de presse
Enquêtes et sondage

5

DISPOSITIONS À PRENDRE
LE JOUR DE L'ÉVÉNEMENT

Le jour « J » de la conférence verra la consécration des dizaines et parfois des centaines d'heures investies dans la préparation de l'événement. En principe, tout est prêt mais le responsable des communications devra faire une dernière vérification pour s'assurer que le personnel requis est bien mobilisé, que la salle est montée et équipée comme il a été prévu et que les intervenants ont bien en tête le déroulement de la manifestation. Tout doit permettre le bon fonctionnement de la conférence.

5.1 Le personnel requis

La réussite de la conférence de presse dépend de la conjugaison des efforts d'une équipe de personnes. Et c'est l'addition des tâches de chacun qui crée les conditions d'un bon déroulement de conférence. Chacun doit être à son poste pour supporter cette activité et être en mesure de réagir promptement si jamais un des éléments manquait. Les difficultés de dernière minute sont facilement résolues si l'on a prévu des personnes disponibles prêtes à intervenir pour faire face aux contretemps.

Le secrétariat

Dans les heures précédant la conférence, c'est sur le secrétariat que reposent les dernières responsabilités de taper la version définitive des textes qui sont souvent approuvés à la toute dernière minute, de les photocopier, de les agrafer, de les assembler dans les pochettes, de transporter celles-ci sur le lieu de la conférence et de voir à les distribuer. Ces tâches peuvent mobiliser plusieurs personnes.

Tout au long de cette journée, le secrétariat devra être continuellement en alerte pour répondre aux demandes des journalistes. Un collaborateur ayant participé à la préparation de la conférence devra rester au bureau pour maintenir une permanence et permettre à tout journaliste de rejoindre une personne du service des communications. Il est en effet très frustrant pour des journalistes — et ils ne se gênent pas pour le dire — d'être incapables de joindre un répondant apte à leur fournir des informations le jour même ou les jours suivant la conférence de presse.

On devra expliquer à la personne qui sera de permanence qu'elle n'est pas en « pénitence ». Car, à vrai dire, le jour d'une conférence de presse est un jour important pour une équipe. Chaque participant s'est habillé avec élégance et le fait de sortir des cadres réguliers de son travail constitue une certaine fête. La personne qui reste derrière se considère comme délaissée. Par dépit, elle peut abuser des pauses café, étirer son heure de déjeuner, alors que justement elle devrait sauter ses pauses café et déjeuner sur place.

C'est pour ces raisons qu'il faut, longtemps avant la journée de la conférence, faire le partage des tâches et prévenir ses collaborateurs que la prochaine fois il y aura rotation de celles-ci.

Pendant le déroulement de la conférence de presse, le secrétariat aura également des tâches à jouer en ce qui concerne l'accueil, tâches que nous expliquerons plus loin.

Les collaborateurs nécessaires

Le responsable des communications peut à lui seul jouer l'homme ou la femme-orchestre et tenter d'assumer tous les rôles requis. Il peut y arriver s'il s'agit d'une situation simple. Mais, s'il s'agit d'une grande manifestation, il lui faudra la collaboration de plusieurs personnes pour s'assurer que tout se déroule bien. Voici donc une brève description des personnes qui pourront le seconder avec grand secours. D'abord, le responsable des communications doit se libérer de toutes les tâches de façon à se consacrer uniquement à conseiller le conférencier. Il arrive souvent, en effet, qu'une réunion de synthèse se tienne quelques minutes avant la conférence. Le responsable ne peut pas en même temps être dans une salle avec le porte-parole pour lui prodiguer les derniers conseils d'usage, accueillir les journalistes qui se présentent dans une autre salle et s'assurer que les micros fonctionnent.

◆ Une personne responsable des relations avec les médias

Elle agit en quelque sorte comme l'adjoint du responsable. Elle voit à ce que l'accueil des journalistes se déroule bien, qu'ils obtiennent une réponse aux différentes questions qu'ils posent. Il appartient à ce relationniste de converser avec eux en attendant le début de la conférence. C'est une occasion excellente de renouer contact avec les journalistes qu'il connaît et de développer des relations d'amitié avec les journalistes qu'il rencontre pour la première fois.

C'est à cette personne que les journalistes demanderont s'il est possible d'avoir des interviews exclusives avec le conférencier. Les journalistes qui connaissent bien le sujet traité ont toujours des questions de fait qu'ils veulent vérifier, sans désirer partager les éléments de réponse avec leurs confrères.

Les journalistes s'enquerront également auprès de ce relationniste où ils peuvent téléphoner, où sont les vestiaires et s'il y a un endroit prévu pour fumer.

◆ Un technicien en audiovisuel

Plusieurs tâches peuvent mobiliser ce technicien. D'abord la sonorisation. C'est à lui de voir si les micros fonctionnent bien. Sa présence s'impose pour installer l'équipement audiovisuel, s'assurer qu'il est en état de fonctionner, et l'actionner au moment opportun. Il devra aussi voir aux conditions de luminosité de la salle si les projections exigent une lumière tamisée.

On demandera également au technicien d'enregistrer la conférence pour les besoins de l'organisation. Il est essentiel que l'organisation possède l'enregistrement intégral de la conférence de presse. Il arrive trop souvent que le conférencier se demande après coup s'il a vraiment dit ce qu'on lui impute. Cette tâche d'enregistrer doit être faite avec soin. Fréquemment, on se contente d'un petit appareil enregistreur qu'on oublie de mettre en marche parce qu'on est pris à régler d'autres problèmes. Ou encore on omet de tourner la bande lorsqu'elle est terminée.

❖ Un rédacteur

La majorité des organisations possèdent un bulletin interne dans lequel on rend compte des principales activités courantes. On prévoira donc la présence d'un rédacteur du journal interne pour réaliser un reportage sur la conférence. Il est possible de confier cette tâche au relationniste responsable des relations avec les médias, mais il est une règle à respecter dans une conférence de presse : conserver à celui-ci une marge de manœuvre au cas où il arriverait des imprévus. Si le responsable des relations avec les médias doit s'occuper des journalistes, enregistrer les débats, préparer un reportage, il ne sera pas disponible pour réparer les accrocs possibles. Il devra abandonner les tâches qu'il devait accomplir pour faire face à un imprévu, comme s'apercevoir au milieu de la conférence que le conférencier n'a plus d'eau dans son verre et qu'il veut boire.

❖ Un photographe

La présence d'un photographe s'impose. Il réalisera une série de photos qui serviront à répondre aux demandes de journalistes, au journal interne ou tout simplement à l'album du conférencier. Ces photos constituent des archives utiles pour un service des communications qui pourra les utiliser tout au long de l'année.

Cette équipe de collaborateurs constitue le noyau de base pour organiser une conférence de presse adéquate. Il est bon de désigner ces personnes par un macaron de façon que les journalistes puissent les repérer facilement.

Il est toutefois possible d'organiser une conférence de presse sans toutes ces personnes. Mais des choix devront alors être faits sur les tâches à accomplir. On peut, en effet, éliminer les photos, faire le reportage du journal interne à partir de la couverture de presse et demander au relationniste d'actionner les appareils audiovisuels. Mais on n'assiste pas alors à un événement de même envergure, même si la conférence de presse se déroule très bien.

5.2 Les tâches initiales à accomplir

Avant que ne débute la conférence de presse, quelques vérifications s'imposent.

La salle

L'inspection de la salle retenue s'impose une heure avant l'heure de la convocation. La disposition des chaises et des tables doit être conforme au plan de salle proposé, la tribune montée comme il a été prévu, la décoration des murs correspondant à ce qui avait été entendu, l'arrière-scène bien décorée, l'eau prévue sur la table du conférencier, la nappe installée, l'insonorisation et l'éclairage adéquats, l'interdiction de fumer, le cas échéant, bien visible, le café servi au moment voulu, la table d'accueil et la table pour la collation disposées là où c'était souhaité, le vestiaire ouvert.

On constate toujours à la dernière minute que tout n'a pas été réalisé comme il avait été demandé. Il faut alors faire appel au personnel de l'endroit où se déroule la conférence pour obtenir tantôt le lutrin promis, le drapeau demandé, etc. Pour accomplir ces tâches, la personne qui s'est occupée de la logistique doit être présente et s'assurer que rien n'a été oublié.

Les équipements

Du côté des équipements, le technicien verra à installer le matériel nécessaire de sorte qu'il ne gêne pas le travail des journalistes, à réaliser tous les raccords utiles, à faire courir les fils de façon que personne ne s'y prenne les pieds.

L'analyse de presse

Le matin même de l'événement, la lecture des journaux et l'écoute des bulletins de la radio ou de télévision permettront de savoir si les médias ont annoncé la tenue de la conférence de presse et s'ils ont déjà donné quelques indices de leur perception de cette initiative. Il arrive en effet qu'on qualifie la conférence de presse et, de ce fait, on laisse percevoir ce qu'on attend d'elle. On peut parler de la conférence de la dernière chance. On peut s'interroger sur les probabilités qu'au cours de cette conférence certaines décisions soient annoncées. Ces premiers indices doivent être utilisés lors des dernières remarques qu'un communicateur adresse au porte-parole de l'organisation dans la séance d'information qui précède la conférence.

La rencontre avec le conférencier

Juste avant la conférence, le responsable des communications doit en effet animer la rencontre ultime avec le représentant officiel de l'entreprise et ses proches collaborateurs. Certaines informations et mises au point peuvent être fort utiles pour la conférence de presse qui va suivre. Il est nécessaire, à ce moment-là, de rappeler que l'organisation n'a aucun contrôle sur le nombre et la qualité des journalistes qui assisteront à la conférence.

Outre ces collaborateurs, la personne responsable du contenu participera à cette rencontre. Elle seule peut souvent apporter les nuances requises à la dernière minute.

Tous ces participants seront sur les lieux au moins trente minutes avant l'heure de la convocation pour la mise au point de dernière minute et pour revoir des éléments de réponse que le conférencier devra fournir aux médias.

Pour préparer cette rencontre, le responsable des communications devra avoir dépouillé les principaux quotidiens du matin et écouté les bulletins d'information à la radio pour être au courant de l'actualité et prévoir les recoupements possibles que les journalistes pourraient faire entre un événement en manchette et l'objet de la conférence.

Il profitera de ces moments pour mettre le porte-parole en confiance s'il est un peu nerveux et le rassurer. Et, en même temps, il lui donnera les derniers conseils d'usage : ne pas mettre ses mains dans ses poches, ne pas passer son temps à mettre ou enlever ses lunettes, ne pas insister sur tel élément...

Le scénario

Il est utile de dresser un scénario du déroulement de la conférence et de le faire connaître à tous ceux qui auront à prendre la parole. Ce scénario donne l'ordre de succession des conférenciers, le temps alloué à chacun et précise la façon dont sera présenté chacun d'entre eux:

À titre d'exemple, un scénario pour une conférence de presse prévue pour 10 h le matin pourrait s'établir ainsi :

9 h 45 - 10 h 15 : Accueil

10 h 15 - 10 h 20 : Début de la conférence

L'animateur sollicite un moment d'attention ;

se présente ;

rappelle l'objet de la conférence ;

présente les intervenants autour de la table ;

salue, s'il y a lieu, les personnalités de la salle (il ne s'agit pas de journalistes, mais des personnalités qui viennent, par leur présence, soutenir l'objet de la conférence) ;

explique l'ordonnancement de la conférence ;

donne la parole au conférencier principal ;

10 h 20 - 10 h 35 : Allocution du conférencier principal

10 h 35 : L'animateur le remercie et présente le deuxième conférencier s'il y a lieu, lequel ne prend la parole que cinq minutes au maximum

10 h 40 - 10 h 55 : Période des questions en français

10 h 55 - 11 h 10 : Période des questions en anglais

11 h 10 - 11 h 20 : Les interviews individuelles

11 h 30 : Café et fin de la conférence

5.3 L'accueil des journalistes

Le premier contact direct des journalistes avec l'organisation se passe au moment de l'accueil. Cet accueil doit donc être soigné, car il traduit l'importance que l'organisation accorde aux médias. Toutefois, dans tous les cas, l'accueil doit être sobre. Les journalistes ne sont pas venus assister à un défilé de mode, encore qu'ils n'y sont pas insensibles, et la multiplication des sourires et des gestes d'attention ne compensera pas l'absence de contenu sérieux de la manifestation. Au contraire, ces gestes peuvent donner l'impression qu'on n'a pas de contenu et qu'on a misé sur l'apparence. Ce qu'il faut viser, c'est l'efficacité et la courtoisie de l'accueil sans plus.

L'arrivée des journalistes

Si la salle est perdue au fond de dédales difficilement accessibles, on aura prévu une signalisation adéquate. Lors de l'accueil, il est d'usage de demander aux premiers arrivants s'ils ont eu de la difficulté à trouver la salle, ce qui permet de vérifier l'efficacité de la signalisation.

Si la signalisation fait défaut, les journalistes ne se gêneront pas pour dire que l'endroit était introuvable, qu'ils ont tourné en rond pendant dix minutes et qu'un peu plus ils retournaient à la salle de rédaction. Ce qui est de mauvais augure...

Dans un tel cas, il y a deux attitudes à adopter. Premièrement si, effectivement, on a négligé de surveiller la signalisation, on doit s'excuser et essayer tout de suite de trouver un moyen de régler la situation. Il est impensable, à quinze minutes du début de la conférence, d'installer une signalisation adéquate dans un endroit où elle fait problème. Mais s'il y a sur place deux ou trois hôtes ou hôtesses d'accueil, il faut dépêcher l'un d'eux à l'entrée pour diriger adéquatement les journalistes. De telles situations démontrent l'importance d'organiser une conférence de presse avec une réserve de personnes-ressources.

Si, par ailleurs, comme c'est habituellement le cas, la signalisation a été prévue et qu'un journaliste s'est perdu, il y a deux possibilités : soit que celui-ci n'a pas fait attention à la signalisation, soit que celui-ci a emprunté une autre porte d'entrée que la porte principale. Dans le premier cas, on lui expliquera avec beaucoup de tact que, s'il s'est perdu, c'est qu'il n'a pas porté attention aux indications, qu'une signalisation adéquate a été prévue à partir de la porte d'entrée principale et qu'il est regrettable qu'il ait eu de la difficulté à s'y retrouver d'autant plus que des efforts avaient été déployés pour éviter de tels malentendus. Ou le journaliste comprendra alors que l'organisation n'est pas fautive, ou, faisant partie de ces gens qui ont la critique facile et surtout inopportune, il poursuivra ses récriminations. À celui-là, même si c'est délicat, il faut savoir lui répondre et ne pas hésiter à lui rappeler qu'une signalisation adéquate a été prévue, qu'il est le seul journaliste à s'être trompé, et qu'il est heureux qu'il ait tout de même trouvé l'endroit.

Dans le cas où le journaliste à emprunter une autre entrée que la porte centrale, on peut d'abord espérer qu'il sera le seul à avoir fait ce choix. Mais on vérifiera tout de suite où elle se trouve, on évaluera les probabilités que d'autres journalistes suivent le même chemin et, le cas échéant, on installera une signalisation provisoire ou on postera un hôte à cette entrée.

L'accueil

Lorsque tout se passe bien pour trouver la salle, les journalistes se présentent et trouveront à l'entrée une personne qui leur souhaitera la bienvenue et leur indiquera, le cas échéant, le chemin du vestiaire. Lorsque cette personne peut reconnaître et saluer par leur nom les journalistes, ceci ajoute une dimension plus conviviale.

La personne à l'accueil devra être au courant de l'ensemble du déroulement de la manifestation, du nom des personnalités présentes, et pourra répondre aux questions techniques de l'organisation. Si des questions de contenu lui sont adressées et qu'elle ne peut y répondre, elle fera appel au relationniste présent. Si celui-ci n'est que responsable de la logistique, il faudra alors attendre que le responsable des communications se libère puisque, en ce moment, il se trouve en principe avec le porte-parole.

Cette personne à l'accueil pourra s'entretenir avec les journalistes au fur et à mesure de leur arrivée. Il ne suffit pas de sourire, il faut converser et animer cette première prise de contact avec les journalistes.

L'inscription

Il est d'usage de demander aux journalistes de se nommer et de noter leur nom et celui du média qu'ils représentent sur une feuille réservée à cet effet, en s'assurant de pouvoir relire ce qu'ils écrivent. Cette liste permet de connaître le nom de ceux qui ont répondu à l'invitation et de déceler les absents pour pouvoir leur expédier le dossier de presse.

La personne préposée à l'accueil devra en même temps faire un effort de mémorisation pour indiquer au relationniste le nom des journalistes présents sans avoir à consulter la liste. Cette procédure permet aussi de filtrer les personnes présentes et de repérer les non-journalistes ou les personnes qu'on pourrait considérer comme indésirables.

Les invités

Nous avons signalé qu'il y a toujours des invités non journalistes aux différentes conférences de presse. Habituellement, ces invités ne doivent pas s'inscrire sur la feuille à l'entrée. Il n'est pas nécessaire, en effet, de prévenir les journalistes de la présence de ces personnes dans la salle. En les inscrivant sur la feuille, les journalistes qui arriveront après ces invités auront vite fait de les repérer au moment de signer la feuille.

Lorsque la conférence de presse se conjugue avec un lancement ou une inauguration par exemple, on évitera que les invités envahissent la salle de conférence. Il s'agira d'être vigilant pour ne laisser entrer alors que les journalistes. Autrefois, lorsque les conférences se déroulaient avec bar ouvert et canapés, quelques pique-assiettes couraient ces événements. Encore aujourd'hui, on voit apparaître des individus qui ont appris la tenue de la conférence de presse par la rubrique « À signaler aujourd'hui » de certains médias écrits.

Le café

Lors de l'accueil, on peut proposer, le cas échéant, aux journalistes et invités de prendre le café. Cette pause café permet aux organisateurs et aux journalistes de se côtoyer de façon officieuse et d'échanger déjà sur l'objet de la conférence ou sur l'organisation qui la convoque. C'est un moment intéressant pour passer certains messages pouvant donner le ton à la conférence. C'est aussi l'occasion de manifester des marques d'attention aux journalistes.

Le téléphone

La permanence téléphonique qui a été prévue permet au moment de la conférence de garder un lien direct avec les journalistes qui n'ont pu venir à la conférence mais qui souhaitent obtenir des renseignements supplémentaires ou des interviews.

5.4 La remise de la documentation

Dès l'inscription, on remet le dossier de presse aux seuls journalistes en étant très strict à cet égard et en ne tolérant aucune exception. Limiter le dossier aux journalistes est une question pratique. C'est en effet une tâche fastidieuse de monter ces dossiers ; elle se fait souvent dans des conditions difficiles, soit dans les heures ou souvent les minutes précédant la conférence de presse. On réduit donc au minimum le nombre de dossiers qu'on apporte à la conférence. Mais ce minimum doit pouvoir suffire à l'ensemble des médias présents. Parfois, certains journalistes en demandent deux, l'un pour leur dossier, l'autre pour les textes qui seront soumis à la rédaction ou pour un de leurs collègues absent et intéressé par le sujet.

Comme il est difficile en début de conférence de connaître le nombre exact de dossiers requis, il est essentiel de réserver ceux qui sont montés aux seuls journalistes.

Il faut être ferme au début de la conférence pour ne pas privilégier un invité en lui remettant le dossier. Les autres invités auront vite fait de s'en apercevoir et le voudront aussi. Il vaut mieux leur expliquer la contrainte qui motive la décision et leur suggérer de reformuler leur demande après la conférence. On peut alors remettre les dossiers qui restent. S'il n'y en a plus, il est possible de s'engager à les expédier la journée même. Car, pendant la conférence, le personnel resté sur place au bureau peut continuer à monter les dossiers qui seront expédiés aux absents.

Si, par ailleurs, l'organisation dispose d'un nombre suffisant de dossiers pour les distribuer à tout le monde, alors la restriction ne s'impose plus. C'est donc avant la conférence que la décision de distribuer ou de ne pas distribuer la documentation à toutes les personnes présentes doit être prise.

Si la documentation est dense, on permettra aux journalistes de prendre connaissance des documents pendant une quinzaine de minutes. S'il n'est pas bon de trop faire attendre les journalistes, il faut au moins leur laisser le temps de prendre connaissance des documents préparés surtout s'ils sont volumineux.

Il arrive qu'on remette avec la pochette un souvenir, un macaron, un insigne, une épinglette. Il faut toujours en conserver en réserve, car l'expérience témoigne que ces objets exercent une fascination certaine. Souvent les journalistes et invités aimeraient en obtenir un exemplaire supplémentaire. Que ce soit pour leurs enfants ou leur propre collection...

Le dossier de presse est habituellement déposé sur la table d'accueil à l'entrée de la salle de conférence. Il est possible également d'y joindre une documentation plus abondante sur l'organisation ou l'objet de la conférence. Les journalistes peuvent y être intéressés. Mais convertir cette table d'accueil en véritable comptoir d'exposition est à déconseiller.

La personne préposée à l'accueil doit pouvoir indiquer en quoi les différents documents proposés sont complémentaires ou accessoires à la conférence. Si d'autres groupes déposent sur la table leur propre documentation, il ne faut pas hésiter à leur demander de l'enlever, si elle ne vient pas renforcer l'objet de la conférence.

Cette activité d'accueil illustre pourquoi il est préférable d'avoir deux personnes plutôt qu'une affectées à cette tâche.

5.5 La planification des interviews

Les journalistes souhaitent habituellement, après la conférence, rencontrer le conférencier. Pour les médias électroniques, c'est l'occasion d'obtenir une déclaration entre 30 et 60 secondes qui résumera l'objet de la conférence.

C'est aussi le moment que certains journalistes choisissent pour poser une question dont ils veulent être les seuls à obtenir la réponse. Enfin, l'un ou l'autre journaliste peut vouloir profiter de cette rencontre pour faire une interview un peu plus en profondeur avec le conférencier à la fin de la conférence.

C'est souvent au moment de l'accueil que les journalistes formulent leur demande d'interview. Le relationniste présent doit connaître le scénario du déroulement de la conférence de façon à s'assurer qu'une telle période de temps a été prévue à la fin et que l'emploi du temps du conférencier le permet. Si le scénario est extrêmement serré, il sera impossible, par exemple, de réserver une interview de cinq ou dix minutes à un seul média.

Si une telle demande ne peut être exécutée au moment même de la conférence, il faut alors étudier avec le journaliste un autre temps pour réaliser l'interview. Habituellement, on demande au conférencier de réserver une partie de sa journée à de telles interviews, si elles sont sollicitées. Alors, si le conférencier n'est pas disponible immédiatement après la conférence, on peut réaliser l'interview dans les heures qui suivent.

Pour conclure ces arrangements, le relationniste devra donc pouvoir travailler en confiance avec les journalistes et avec le conférencier qui lui aura donné au préalable une certaine marge de manœuvre pour fixer des rencontres. Si, chaque fois qu'un journaliste sollicite une interview, le relationniste fait la navette entre celui-ci et son patron, le journaliste aura vite compris qu'il doit s'en référer directement à celui-ci. Et c'est ainsi que le relationniste peut perdre une partie de sa crédibilité.

Il est utile lorsque ces demandes sont formulées de bien noter l'ordre dans lesquelles elles l'ont été. En effet, si les heures de tombée de certains médias sont plus rapprochées que d'autres, il faut alors leur donner la préférence. Ainsi, un poste de radio a des exigences plus serrées que la télévision ou les médias écrits, puisque les bulletins d'informations sont programmés plus souvent.

En même temps, on doit apprendre à discerner entre les journalistes qui invoquent des heures de tombée pour se libérer plus vite de la corvée de la conférence et ceux pour qui elles sont un véritable impératif. S'il est difficile de connaître d'avance les raisons profondes du journaliste, il est facile de vérifier *a posteriori* si l'information a bien été utilisée au bulletin pressenti. Encore qu'il est difficile de savoir si c'est le journaliste qui n'a pas fourni l'information à temps, ou si c'est le chef de nouvelles qui a écarté cette information au profit d'une autre jugée plus importante. Mais, avec le temps, on finit par connaître le type de pression que certains journalistes imposent et le degré de sérieux à leur accorder.

5.6 Le début de la conférence

La conférence débute habituellement avec un peu de retard, question de laisser aux journalistes le temps d'arriver, de prendre connaissance des documents et de laisser quelque répit aux retardataires prisonniers de la circulation, ou retenus par un engagement antérieur plus long que prévu. Toutefois, pour ne pas trop pénaliser les journalistes qui sont arrivés à temps, dans l'attente de la venue possible d'une équipe de télévision qui n'est pas là, d'un journaliste prestigieux qui s'était annoncé, quelques minutes de grâce doivent être prévues. « Ce n'est pas anormal de débuter la conférence 15 à 20 minutes après l'heure prévue afin de donner une chance aux retardataires. Autant que possible ne dépassez pas ce délai : pensez à ceux et celles qui étaient à l'heure. Pendant ce temps, les personnes de votre groupe peuvent « leur faire la jasette » » (Geoffroy et Dubuc, 1980, p. 35).

Il appartient au directeur des communications de donner le signal du début de la conférence lorsqu'il a constaté que la majorité des journalistes qui avaient confirmé leur présence sont arrivés. Il signifie alors aux personnalités qui doivent prendre la parole de s'avancer (si elles sont dans une autre pièce) ou de prendre place autour de la table si elles sont dans la salle. Il arrive en effet parfois que ces personnalités, au début, se mêlent aux journalistes pour leur parler. C'est surtout le cas lorsqu'il s'agit de personnalités qui ont l'habitude de traiter avec les journalistes.

Si la personnalité connaît personnellement certains journalistes, elle aura tendance à les saluer directement. Il est alors de bon ton pour le relationniste ou le responsable des communications qui l'accompagne de le présenter aussi aux autres journalistes présents. Ceci implique toutefois que le relationniste connaisse ces journalistes ou qu'il se soit familiarisé avec les noms et les figures de ceux qu'il ne connaissait pas en ayant recours à la feuille d'inscription et à la collaboration de la personne à l'accueil qui lui indiquera qui est qui, si, bien sûr, elle a porté attention à cette tâche.

Les quelques minutes de retard pour commencer une conférence de presse se pardonnent d'autant plus que celle-ci ne s'éternisera pas. Ce n'est pas tant la ponctualité exacte qui compte que le temps pendant lequel les journalistes seront mobilisés.

Le carton placé devant les conférenciers, déclinant leur nom et leur titre, permettra aux journalistes de bien les reconnaître tout au long de la conférence.

5.7 Le mot de bienvenue

L'animateur est la première personne à s'adresser aux représentants des médias. Il invite les journalistes à regagner leur place et leur demande un moment d'attention pour faire le silence. Il se présente ensuite, leur souhaite la bienvenue tout en les remerciant d'avoir accepté l'invitation qui leur avait été lancée de venir rencontrer les représentants de l'organisation hôte.

Rappelons qu'au début de la conférence l'animateur doit expliquer comment se déroulera l'événement et préciser en quelque sorte les règles du jeu en vigueur pendant la conférence.

Objet : un seul ou plusieurs sujets

Généralement, une conférence ne traite que d'un seul sujet. Mais toute organisation regroupe de multiples activités. L'animateur présente l'objet de la conférence et, le cas échéant, explique que le conférencier s'en tiendra au thème annoncé et que, de ce fait, il n'abordera ni dans sa conférence ni dans la période de questions d'autres points qui pourraient intéresser les médias. L'animateur doit expliquer ce choix par le fait que le sujet de la conférence est très complexe et que le conférencier se réserve d'autres moments pour répondre aux autres interrogations. En précisant cette règle au début, l'animateur pourra refuser plus facilement les questions qui traitent de sujets éloignés du thème de la conférence.

Cette situation se présente lorsqu'un conférencier est une personnalité publique qui est mêlée de près à plusieurs enjeux sociaux. C'est le cas notamment des personnalités politiques, des présidents de banque, des responsables des centrales syndicales que l'on interroge souvent et qui sont appelés à se prononcer sur tout : de l'idée d'indépendance du Québec aux sorts des minorités.

Dans la majorité des cas toutefois, l'animateur précise que le conférencier sera heureux d'aborder toute question pouvant intéresser les médias.

Dans ces circonstances, on comprend pourquoi il est nécessaire d'avoir un animateur qui dégage le conférencier de ces contraintes et de ces explications.

Présentation des intervenants

L'animateur présente ensuite les personnalités qui sont à la table d'honneur et qui seront appelées à prendre la parole, en déclinant leur nom et titre au complet, en se gardant pour la fin le conférencier principal. Pour ce faire, l'animateur ne doit jamais se fier à sa mémoire uniquement. Il doit avoir une feuille de papier sur laquelle sont inscrits les éléments exacts qu'il doit livrer. Il est un peu gênant pour un animateur d'avoir un blanc de mémoire en voulant présenter un intervenant ou de l'entendre écorcher un nom parce qu'il n'a pas appris à le prononcer correctement. Car il arrive parfois dans l'énervement de ces situations qu'on oublie le nom d'un individu ou qu'on déforme le nom de l'organisation pour laquelle il travaille.

Présentation des invités

Selon les circonstances, il est utile que l'animateur souligne la présence dans la salle des personnalités qui sont venues appuyer la cause. Si ces personnes se sont déplacées, c'est pour donner une caution visible à l'organisation. Il est donc tout à fait désigné de parler de leur présence. Ce fait constitue un des éléments d'argumentation de l'exposé.

Les règles du jeu

L'animateur donnera ensuite les grandes lignes du scénario de la conférence et il en profitera pour préciser certaines règles du jeu. C'est à ce moment qu'il annoncera, par exemple, que les allocutions dureront 20 minutes, qu'il y aura une période de questions de quelque 30 minutes suivie d'une période de 20 minutes pour les interviews.

Présentation du conférencier

Cette présentation doit être brève et bien ramassée. Elle doit donner au personnage des éléments de crédibilité sur le sujet dont il va parler. Après avoir décliné son nom et son titre, l'animateur va décrire de façon un peu plus élaborée le profil du personnage. Il est en effet d'usage de situer le personnage principal de la conférence dans l'organisation ou dans l'activité qui fait l'objet de la conférence, et de lui attribuer tous les titres qui lui confèrent le statut de personnalité.

Selon le scénario établi d'avance par les organisateurs de la conférence, l'animateur pourra ensuite revenir après chaque intervenant pour le remercier, présenter le conférencier suivant et lui donner la parole. Ou alors, pour éviter ces va-et-vient parfois lourds, on demande aux différents conférenciers de donner eux-mêmes la parole à la personne suivante en s'assurant qu'ils ont bien devant eux le nom et le titre exact de cette personne si elle ne leur est pas familière.

L'animateur a un rôle neutre à jouer. Il faut donc écarter les individus trop bavards qui se sentent obligés de livrer un message chaque fois qu'ils ont la parole. En des circonstances bien choisies les animateurs peuvent avoir recours à l'humour sans toutefois perturber le ton sérieux souhaité pour la conférence.

5.8 L'exposé principal

Un message clair

On ne rencontre pas, sauf exception, les journalistes pour leur faire part de ses états d'âme. Et s'il est de bon ton de savoir mettre dans une conférence de presse un peu d'expérience vécue, la fonction de l'opération est de livrer un message clair.

Toutes les interventions doivent être articulées autour des idées fortes qui ont été préalablement déterminées. Et il faut s'en tenir au scénario déjà arrêté. L'improvisation au cours de la conférence, sous le coup de l'inspiration du moment, n'est pas toujours porteuse de résultats positifs.

Si les principaux conseillers se sont entendus pour développer deux ou trois axes principaux autour de la conférence, il faut s'y tenir. En principe, ces axes ont été soupesés. S'ils s'avèrent qu'ils n'étaient pas les meilleurs, au moins tout aura été étudié pour qu'ils ne portent pas préjudice à l'organisation. Alors qu'une idée du moment qui n'a pas été analysée et critiquée peut avoir des effets bénéfiques certes, mais aussi entraîner des inconvénients désagréables.

Sa présentation

La présentation de l'allocution initiale se développe en quatre temps : d'abord, le conférencier prononce habituellement un petit mot d'accueil, puis il livre son exposé, ensuite il demande à l'un de ses collaborateurs d'expliciter certains points techniques, s'il y a lieu, et, enfin, il remercie l'assistance.

❖ Le mot d'accueil

Le conférencier principal doit remercier les journalistes de leur participation à la conférence et traduire sa reconnaissance à l'animateur pour les bons mots qu'il a eus à son endroit. Cette entrée en matière fait partie des usages qu'on doit respecter parce qu'elle permet une transition entre les mondanités précédentes et le contenu qui va suivre.

❖ L'exposé

L'exposé se déroulera selon le scénario prévu à l'étape de la préparation des intervenants. Lorsque le choix a été arrêté de lire le texte, ce qui se produit dans la majorité des cas, on recommande au conférencier de ne pas plier son texte. En effet, les pages ont tendance à se replier le long des plis des feuilles et, de ce fait, le conférencier doit porter une attention soutenue à cet aspect secondaire qui peut le déconcentrer.

Lorsque le conférencier utilise des fiches, il doit suivre, jusqu'à la fin, le déroulement que lui proposent ces fiches et s'en tenir à l'argumentation proposée. Cette façon de faire donne à l'exposé une présentation plus dynamique, plus naturelle. Mais elle nécessite l'habitude de parler en public. Les fiches ont aussi l'avantage de se glisser dans les poches et d'être plus discrètes que des feuilles de papier lors de la présentation.

Certaines situations exigent que l'exposé soit entrecoupé de projections. Et certains auteurs précisent même que la présentation de documents de diverses natures brise la monotonie de l'exposé. « Le déroulement du programme doit être équilibré ; il est en effet illusoire de vouloir tenir sous le charme pendant trop longtemps un auditoire, aussi attentif soit-il. L'exposé pourra être illustré de projections, complété par une démonstration et donner une large place aux questions et réponses » (Genton, 1970, p. 119).

◈ Les explications techniques

La haute autorité d'une organisation n'a pas à présenter les détails d'un projet et doit s'en tenir aux grandes lignes. Et parfois, il est mieux qu'elle ne connaisse pas toutes les ramifications techniques d'un projet. Il faut qu'elle puisse en exposer la philosophie d'approche, les raisons qui ont justifié les choix. Mais non les applications concrètes.

C'est pour cette raison que souvent, dans les conférences de presse, on laisse aux collaborateurs plus spécialisés dans le contenu le soin de compléter les informations générales. Ce faisant, on sépare la décision politique de son application pratique. Et on évite à l'orateur principal l'ennui d'expliquer un projet qu'il connaît certes dans les grandes lignes mais dont les détails lui échappent.

Il est donc très fréquent de voir des collaborateurs compléter l'exposé du conférencier principal en apportant tous les détails techniques requis. Il faut toutefois bien orchestrer l'entrée et la sortie de chaque intervenant, le temps de parole alloué et la place où ils retourneront s'asseoir après leur intervention.

◈ Le mot de la fin

Le conférencier principal remercie à la fin des exposés le public de la salle et redonne la parole à l'animateur.

Sa durée

L'exposé, les explications techniques, les projections ne doivent pas dépasser 30 minutes. Le conférencier principal doit pouvoir résumer en 15 ou 20 minutes, l'essentiel de ses propos. C'est un laps de temps suffisant pour donner toutes les facettes d'une nouvelle. La parole doit être donnée ensuite aux journalistes.

« Quand plusieurs orateurs se succèdent devant le micro, un minutage strict s'avère essentiel et vous devez les convaincre de l'importance qu'il y a, pour eux et pour le succès de la réunion, à le respecter » (Rival, 1961 p. 253).

À l'opposé, d'autres conférences de presse se font interminables. On assiste à une longue succession d'exposés où chaque partenaire se fait un devoir de lire les documents préparés à son intention sans se soucier des exigences des médias qui recherchent la nouvelle et non les remerciements et les plaidoyers sans fin.

Le rôle du journaliste

Le rédacteur en chef du *Devoir*, Paul-André Comeau (1986), signait un billet intitulé « Journalisme et quincaillerie », dans lequel il rappelait le rôle que doit tenir un journaliste dans une conférence de presse. Nous reprenons ici ses propos.

« Le journaliste doit, d'abord et avant tout, saisir le sens et la portée des déclarations qui y sont faites. C'est une tâche intellectuelle qui habituellement accapare l'attention de tout journaliste. (...) Il devrait aussi songer aux questions qui lui permettraient de mieux comprendre l'enjeu de cette conférence de presse. Des questions qu'il pourra formuler plus succinctement dans l'interview. (...) Il lui faut comprendre l'essentiel d'un événement ou d'un fait, le situer dans son contexte et en dégager la signification ou l'importance. C'est la matière qu'il doit ensuite mettre en forme pour la transmettre à ses lecteurs, auditeurs ou téléspectateurs ».

5.9 La période de questions

C'est la période clef de la conférence car, désormais, ce n'est plus l'organisation qui règle le rythme des débats, mais les journalistes qui amorcent le dialogue. C'est ce qui explique la minutie avec laquelle elle est préparée. Cette période peut être dirigée soit par le conférencier lui-même, soit par l'animateur, ou par un représentant des journalistes, comme cela se pratique à la galerie de la presse parlementaire à Québec.

Cette période doit être suffisamment longue pour permettre aux journalistes d'approfondir tel ou tel point particulier, ou pour obtenir des précisions sur tel aspect de l'exposé ou sur l'ensemble du projet ou de l'annonce faite, en fonction des lecteurs, auditeurs, spectateurs qu'ils représentent. En fait, elle sert à clarifier les propos tenus par le conférencier qui doit absolument se prêter de bonne grâce à ces questions.

Les règles du jeu

Les règles du jeu sont d'abord répétées par l'animateur. Si la décision de ne pas tenir de période de questions a été arrêtée, on le rappelle aux journalistes et on termine très rapidement la conférence. Autrement, les règles comportent les éléments suivants :

◆ La durée de la période de questions

Il est utile de rappeler la durée de la période de questions. Ainsi, il sera plus aisé de respecter l'échéancier fixé. En certaines circonstances toutefois, cette période peut s'étirer jusqu'à ce qu'il n'y ait plus de questions, mais comme on ne peut jamais prévoir l'intensité de la curiosité des journalistes, il faut annoncer, pour avoir la conférence bien en main, un temps limite.

On peut limiter cette période à 20 ou 30 minutes. C'est habituellement suffisant pour faire le tour de la question. Si l'horaire du porte-parole le permet, et si les échanges avec les journalistes se déroulent sans agressivité, il appartient à l'animateur de prolonger cette période de questions s'il le juge à propos.

« Une conférence de presse n'est pas un débat. Quand l'information suffisante a été livrée, on doit s'empresser de lui mettre un terme. Une telle réunion qui s'étire en longueur n'apporte rien de bon » (Dumont-Frénette, 1980, p. 71).

◆ Le bilinguisme

Il faut ensuite départager le temps consacré aux médias francophones et aux médias anglophones et préciser si le conférencier répondra en anglais. Si le porte-parole ne parle pas anglais, ceci n'exclut pas une période de questions en anglais, mais ceci signifie que la personnalité ne répondra pas en anglais. C'est à l'animateur de préciser ce fait et non au conférencier.

Ce partage permet une certaine équité entre les deux communautés qui veulent avoir accès aux médias. Sinon, la conférence peut être accaparée par un groupe qui pourrait épuiser le temps réservé aux questions. En limitant le temps et en précisant qu'il sera partagé entre les médias francophones et les médias anglophones, on maîtrise mieux le déroulement de la conférence et on évite des discussions, parfois tendues, avec les journalistes.

Il est utile également de préciser que le conférencier répondra d'abord aux questions en français et seulement à celles-ci et ensuite aux questions en anglais, si le scénario l'a prévu ainsi.

◇ Les interviews

La période de questions sera suivie d'une période d'interviews qui durera 15 minutes et qui se déroulera dans la salle même ou dans une salle attenante.

◇ Un seul sujet

L'animateur rappellera, s'il y a lieu, que la période de questions ne portera que sur le sujet annoncé et justifiera cette décision. Il précisera alors que le conférencier ne répondra à aucune autre question. Les journalistes pourront contester cette décision. Et pourront même poser des questions sur d'autres sujets. Il appartiendra à l'animateur, et non au conférencier, de ne pas accepter les questions débordant le cadre de la conférence et d'être ferme à ce sujet. Sinon, une discussion peut s'ensuivre qui s'éloignera de l'objet premier de la conférence et qui se fixera sur cet élément secondaire.

Il est bien évident qu'il ne s'agit pas ici d'éluder certaines questions délicates sur le thème de la conférence de presse. Il s'agit plutôt d'exclure les questions qui débordent le sujet retenu. Le but de cette approche n'est pas d'essayer d'échapper à certaines questions des journalistes, mais, lorsque la complexité de certains dossiers nécessitent des discussions qui n'ont pas encore été tenues, il est préférable d'annoncer qu'on ne traitera pas de ces sujets. À titre d'exemple, un ministre de l'Éducation, qui doit veiller à l'éducation de la maternelle au post-universitaire et se préoccuper de briques comme de pédagogie, peut, en certaines circonstances, se sentir moins bien préparé à traiter de certains thèmes, même s'il rencontre la presse sur un autre sujet. Il le fera alors savoir au début de la conférence.

De toute façon, une conférence de presse est organisée pour lancer une nouvelle. C'est celle-ci qui justifie la présence des journalistes dans la salle. Habituellement, ils vont rester sur ce terrain.

L'ordre des questions

Pour éviter que deux journalistes parlent en même temps, celui qui préside cette période reçoit les questions des journalistes selon l'ordre dans lequel ils ont demandé la parole. Les journalistes font alors signe à l'animateur qui note leur nom au fur et à mesure de leur demande.

Trois ou quatre minutes avant la fin de la période de temps prévue pour les questions, l'animateur précisera qu'il n'acceptera que deux ou trois dernières questions. Habituellement, il y a alors cinq personnes qui lèvent la main. On prend alors les cinq noms et on signale que ce seront les dernières questions acceptées.

Dans toutes les conférences de presse, il y a toujours quelqu'un qui insiste pour poser malgré tout une dernière question. Si on a le sentiment que c'est vraiment la dernière question, on l'accepte. Sinon, il faut suggérer au journaliste de poser sa question pendant la période des interviews.

Les réponses

« Les grands administrateurs... se soumettent aux questions des reporters et des chroniqueurs, justifient les politiques de leur entreprise ou de leur institution, fournissent les motifs de leur action ou de leur attitude vis-à-vis de réalités sociales ou des problèmes économiques importants » (Dumont-Frénette, 1980, p. 69).

Le conférencier doit répondre aux questions de façon précise et courte. Il ne doit pas refaire l'histoire ni se livrer à une dissertation trop longue. Mais, en même temps, il doit être capable de livrer les idées maîtresses qui ont été retenues. Nous avons noté plus haut que, durant la période de questions, il est essentiel que le conférencier garde très présent en mémoire les deux ou trois thèmes principaux qui doivent ressortir de la conférence. Et qu'il doit apprendre à répondre aux questions en centrant ses réponses autour de ces thèmes principaux.

« Dans la mesure du possible, le porte-parole doit répondre à toutes les questions reliées directement au sujet de la conférence de presse... Si, pour une raison ou une autre, le porte-parole ne peut pas répondre à une question donnée, il pourra se faire aider par un collaborateur plus spécialisé. Par contre, s'il ne veut pas répondre à une question, il faudra qu'il le dise franchement au journaliste qui pose la question, en donnant le motif de son refus. S'il se trouve qu'il y ait un grand nombre de questions auxquelles il refuse de répondre, il est alors évident qu'il n'y avait pas lieu de convoquer une conférence de presse » (Laliberté, 1981, p. 101).

Les journalistes peuvent comprendre qu'une question comporte des enjeux qui dépassent le cadre de la conférence et qu'une certaine discrétion s'impose à l'organisation. Mieux vaut cette franchise que de donner une réponse alambiquée qui suscitera d'autres questions. Si les journalistes sont insatisfaits d'une réponse, les uns après les autres ils reformuleront la question de façon différente pour provoquer une réponse satisfaisante. Ils sont particulièrement sensibles à toute velléité de manipulation et à toute tentative de contourner la vérité. S'ils sentent que les propos qu'on leur tient sont ambigus, ils pourront alors présenter la conférence comme un événement où il était impossible de connaître les faits pertinents et mettront l'accent sur la difficulté qu'ils ont eue d'obtenir des réponses claires aux questions posées. Dans ces circonstances, la couverture de presse se tourne contre les organisateurs. C'est l'effet boomerang.

« Le porte-parole doit éviter le « jargon », s'exprimer clairement, en termes simples... Il doit répondre à toutes les questions des journalistes en demeurant calme même s'il y a controverse. S'il est dans l'incapacité de répondre dans l'immédiat, il peut offrir au journaliste de le rappeler dans la journée pour lui fournir l'information demandée.

« N'inventez surtout pas ! Évitez les conflits ; réagissez avec humour si cela s'y prête. En un mot, créez une ambiance d'échanges francs et enrichissants pour les deux parties » (Fédération des Commissions scolaires catholiques du Québec, 1988, p. 52).

Rival (1961, p. 253) rappelle qu'il est utile « de répéter les points importants surtout dans le cas où les reporters partiront sans autres documents que leurs notes ».

« Le succès de la réunion dépendra des questions qui seront posées après l'exposé et auxquelles des réponses seront données d'une manière aussi complète que possible, et sans avoir peur de faire appel à l'humour de bon aloi. En bref, il faut, à l'occasion de la conférence, créer un climat de sympathie » (Genton, 1970, p. 125).

Chaque conférence de presse portera de toute façon la trace de la personnalité du conférencier. De Gaulle parlait sans jamais consulter la moindre note précise André Passeron (1991). Alors que Georges Pompidou « émaillait ses réponses de références littéraires et citait même quelques vers ».

Pendant la période de questions, l'organisation peut rectifier certaines perceptions qu'elle aura perçues dans les questions des journalistes. De plus, en présentant les faits de la façon la plus exacte possible, des rumeurs inutiles peuvent, par le fait même, être dissipées.

Mais, par ailleurs, la période de questions est un moment qui comporte certains dangers. Entre autres, l'occasion est belle pour les journalistes de poser des questions embarrassantes au conférencier. Il doit donc bien connaître l'information à divulguer, sinon il risque de se faire piéger par des questions même banales des journalistes. Cette période peut alors devenir désastreuse si elle n'a pas été bien préparée.

La présence d'un grand nombre de journalistes d'horizons différents fait quelquefois dévier les questions sur d'autres sujets que celui initialement prévu. C'est un risque inhérent à la conférence. Mais si le porte-parole sait bien recentrer les réponses sur les axes retenus, il peut tirer profit de cette situation.

S'il s'agit d'un sujet chaud, la période de questions ne doit pas se transformer en champ de bataille. L'animateur joue alors un rôle de modérateur en essayant de maintenir un climat de sérénité.

Enfin, certains canulars (Sauvé, 1992) laissent croire que les journalistes n'arrivent pas toujours bien préparés à ces conférences et que certains mystificateurs peuvent les entraîner dans des avenues loufoques.

Ce qui veut dire qu'il est aussi possible de répondre n'importe quoi aux questions des journalistes, dans la mesure où l'on ne se fait pas prendre.

Certaines opérations de propagande et de désinformation sont particulièrement éloquentes à ce sujet où des nouvelles sont créées de toutes pièces pour confondre l'adversaire (Watzlawick, 1984, p. 119).

La fin de la période de questions

La période de questions ne doit pas s'éterniser : « il faut savoir clore habilement dès que l'on sent que les questions perdent de la vigueur et que l'intérêt est en train de s'émousser. Il ne faut pas que la conférence languisse » (Dumont-Frénette, 1971, p. 343).

En effet, lorsque la période de questions se prolonge inutilement, les journalistes peuvent se lancer sur toutes sortes de piste, parfois au hasard, et détourner la conférence de ses véritables fins. Lorsque les questions commencent à s'éloigner du thème central de la conférence, lorsqu'on s'aperçoit que les questions ne sont plus pertinentes ou sont sans intérêt, la période de questions doit être close. Il faut une certaine expérience des conférences de presse pour sentir de telles situations.

5.10 Les interviews

La période prévue pour les interviews individuelles permet de donner suite aux demandes qui ont été formulées à l'arrivée des journalistes. Elle se déroule dans la salle prévue à cet effet. Ces interviews répondent à deux objectifs : pour la presse électronique, c'est d'amener le conférencier à résumer en 30, 60 secondes ou 2 minutes selon le cas les propos tenus pendant la conférence. Le conférencier doit alors se souvenir qu'il doit présenter les deux ou trois thèmes retenus comme points forts de la conférence. Huot (1994, p. 18) rappelle que, si le conférencier ne limite pas au minimum son intervention, sa réponse sera écourtée au moment de la diffusion.

Le deuxième, c'est qu'un journaliste ne veut pas que tout le monde connaisse la réponse à sa question. Il va la poser en toute discrétion au conférencier seul. Et il sera le seul à obtenir cette réponse. Il peut aussi s'agir de tester des rumeurs sans vouloir les ébruiter. Ces interviews permettent au journaliste de personnaliser la nouvelle.

Enfin, certains journalistes en profitent pour faire une interview plus en profondeur avec le conférencier. Il s'agit davantage d'un entretien. Le résultat de l'interview dépend de l'échange qui en découle. Souvent, ce que le journaliste recherche, c'est une déclaration, forte si possible. À ce titre, l'important d'une interview, c'est la réponse, et non la question. Car c'est elle qui sera diffusée. Les conférenciers rompus à ce genre d'exercice utiliseront la question pour placer leur message. Si celui-ci est percutant, c'est lui qui va passer. Car le journaliste reproduit rarement la question posée.

5.11 La durée de la conférence

Une conférence de presse doit être terminée une heure et demie au maximum après l'heure de la convocation. Le mot d'ordre : « Ne laissez jamais une conférence de presse s'éterniser jusqu'à l'instant critique où chacun essaie de filer à « l'anglaise » en jouant des coudes. Terminez-la lorsqu'elle doit l'être » (Rival, 1961, p. 251).

Une conférence ne doit pas être trop longue. D'une part, cela contrarie les journalistes pour qui une conférence n'est qu'une activité dans la journée. D'autre part, il ne faut pas détruire par l'ennui ce qu'on a mis tant de temps à préparer avec minutie.

« À peu d'exception près, les journalistes aiment à avoir un délai entre une conférence de presse et le marbre. Non seulement le papier doit être écrit, les photos tirées et clichées, mais dans les cas importants, le reporter ou son rédacteur en chef peuvent vouloir enquêter pour ajouter un commentaire à la simple relation des faits » (Rival, 1961, p. 84).

Même les conférences de presse les plus solennelles se déroulent dans un laps de temps de moins de deux heures. « Le rituel de ces rencontres (De Gaulle et la presse) obéissait à un cérémonial très précis justifiant qu'on parle à son sujet de « grand-messe ». Une quinzaine de jours avant l'événement, la rumeur d'une prochaine conférence de presse était confirmée par l'attaché de presse du général. Quelque six cents invitations étaient chaque fois adressées aux journalistes français et étrangers pour qu'ils se rendent à 15 heures dans la salle des Fêtes de l'Élysée, dont ils ne pouvaient sortir qu'à la fin, presque deux heures plus tard » (Passeron, 1991).

Ce n'est pas la durée de la conférence de presse qui fera que la nouvelle occupera plus de place dans le journal ou plus de temps d'antenne.

5.12 La réception

Il s'agit d'un moment de convivialité entre les membres de l'organisation et les médias qui peut prendre la forme d'un café, d'un cocktail ou d'une grande réception.

Dans tous les cas, il y aura présents, outre les conférenciers, des collaborateurs et des représentants de l'organisation qui doivent considérer qu'ils sont en mission commandée et qu'ils doivent également renforcer le message prévu. Il ne s'agit plus uniquement de tisser des liens amicaux avec les journalistes, mais bien d'essayer de leur faire partager les grands axes retenus, sinon d'y adhérer. À cet effet, il est essentiel de tenir une rencontre avec ces intervenants pour qu'ils assument bien le rôle qui leur est dévolu. On peut les désigner d'un signe distinctif pour qu'ils soient facilement reconnus par les journalistes.

5.13 La fin de la conférence

C'est l'animateur de la journée qui annonce que la conférence de presse est terminée et qui remercie les journalistes. Il lui appartient de voir à ce que la personnalité puisse partir. Dans certaines circonstances, celle-ci est prisonnière d'un emploi du temps qui ne lui permet pas de dépasser le temps prévu pour la conférence. Comme il est difficile pour cette personnalité de se défiler devant les journalistes, il appartient à l'un de ses collaborateurs ou à l'animateur de le presser à l'extérieur en lui rappelant qu'il sera en retard à son prochain rendez-vous et en s'excusant auprès des journalistes de ce contretemps.

Le responsable des communications devra toutefois rester dans la salle, lui ou un de ses représentants, pour accueillir le journaliste retardataire ou pour recevoir les demandes d'interview qui se formulent à la fin de la conférence.

Le responsable désigné avant la conférence pour vider la salle de façon définitive doit assumer ces tâches secondaires de dernière minute et ne pas se défiler. Même s'il se produit une sorte de soulagement et de satisfaction du devoir bien accompli à la suite de la conférence, tous les membres du service des communications ne doivent pas déserter pour célébrer la fin de l'épreuve. Au contraire, ils doivent se rendre à la permanence pour être prêts à répondre aux appels des journalistes qui sont à la recherche d'un complément d'information et qui veulent parler à quelqu'un qui a assisté à la conférence.

Par ailleurs, il appartient au responsable des communications de s'assurer qu'une permanence sera maintenue, et que, pendant les heures suivantes, les principaux acteurs resteront disponibles pour les médias.

6

DISPOSITIONS À PRENDRE
APRÈS L'ÉVÉNEMENT

Lorsque se termine la conférence de presse proprement dite, tout n'est pas terminé pour le service des communications. Une conférence de presse est une technique pour faire connaître un produit, un service, une idée. Elle doit être menée pour obtenir le maximum de diffusion à ces objets. Toutefois, il reste ensuite à implanter ces mêmes objets. Les faire connaître n'est que le début de l'opération pour les communicateurs.

Pour assurer un meilleur suivi de la conférence de presse, il faut trouver d'autres moyens pour convaincre la clientèle visée d'adopter le sujet présenté. Des émissions d'affaires publiques, des tribunes téléphoniques, des interviews dans les revues spécialisées, des tournées, des séances publiques d'information. des allocutions, des causeries, des discours et des conférences sont toutes des activités pouvant aider à mieux faire connaître l'objet de la conférence et à le faire adopter.

Il n'est pas de notre propos de discuter ici des conditions d'implantation de l'objet de la conférence de presse, qui donne aux communications leur véritable dimension d'outil de gestion, mais d'insister sur le fait que la tâche de diffusion de l'information n'est pas terminée lorsque les journalistes quittent la salle.

En effet, pendant les heures et les jours qui suivent une conférence, se présentent de multiples possibilités d'amplifier la portée de la nouvelle. Il arrive que le sujet de la conférence soulève différentes réactions, positives ou négatives, qui vont donner à l'événement une dimension plus étendue. Que ce soient les groupes de pression qui contestent ou appuient la proposition, que ce soient les travailleurs qui s'opposent à la mesure avancée, que ce soient les partis d'opposition qui s'emparent du sujet pour critiquer le gouvernement, il est toujours possible de vivre, sinon d'animer, de tels échos à ses conférences de presse.

6.1 La disponibilité

Si l'on accepte que la conférence de presse ne se termine pas avec le départ du dernier journaliste, pendant les heures qui suivent la conférence, les principaux acteurs doivent rester disponibles pour tabler sur toutes les occasions de parler davantage de l'objet de la conférence.

En période de resserrement économique par exemple, certains médias réduisent les effectifs de leur salle de rédaction ou limitent les déplacements de leurs journalistes. Ou alors ils ne jugent pas assez importante l'activité traitée pour libérer un journaliste. C'est le cas de certaines stations de radio qui préfèrent réaliser au téléphone les interviews. Par ailleurs, pour certaines émissions de télévision, les réalisateurs peuvent préférer que le conférencier se rende au studio.

La personnalité

Après la conférence de presse, le porte-parole doit donc rester disponible pour pouvoir donner une réponse positive à de telles sollicitations. Cette disponibilité couvre nécessairement toute la journée de la conférence et parfois les jours qui suivent. Ceci ne doit pas l'empêcher de rencontrer ses autres obligations, mais il doit prévoir des plages de disponibilité dans la journée ou des battements d'une heure, entre deux rendez-vous, pour de telles interviews. Ou alors il aura prévu à son programme des activités qui se déplacent facilement. Évidemment, cette attitude implique qu'il aura été prévenu d'avance par le responsable des communications de cette attente et qu'il en aura compris la nécessité.

Si le sujet de la conférence est objet de polémiques, cette disponibilité devra se maintenir pendant quelques jours. Et le porte-parole ne devra pas se défiler devant l'ampleur qu'a pu créer son intervention initiale.

Les émissions spécialisées à la radio comme à la télévision, les hebdomadaires et les revues disposent d'un laps de temps plus grand pour réaliser leur interview. De ce fait, les journalistes, recherchistes ou animateurs de ces médias vont se manifester au cours des jours qui suivent la conférence. L'organisation doit profiter de toutes ces occasions pour diffuser au plus grand nombre de personnes possible la nouvelle annoncée.

Le communicateur

Dans toute conférence de presse, il y a toujours des retardataires qui se présentent à la dernière minute. Il faut donc, pendant les activités de ramassage à la fin de la conférence, garder des dossiers de presse disponibles. Et surtout avoir sur place une personne qui pourra donner des renseignements de base. Certains animateurs de radio décident parfois, après avoir entendu la nouvelle de la conférence à leur bulletin d'informations, d'obtenir plus de renseignements.

Une suite immédiate à ce type de demande s'impose. Même si le porte-parole est au restaurant, il est possible avec les téléphones cellulaires — encore faut-il y avoir pensé et en avoir un à sa disposition — de le joindre rapidement et de réaliser l'interview souhaitée sans que personne ne se doute que ce fut fait entre le fromage et la poire.

De plus, il peut arriver qu'au cours de la journée, ou au début de la soirée, quand les journalistes préparent leur papier ou topo, ils aient besoin de renseignements supplémentaires. Il ne faut donc pas fermer les bureaux à 16 h 30, mais plutôt maintenir une permanence jusqu'à 18 h ou 19 h cette journée-là, pour fournir l'information supplémentaire nécessaire.

Le secrétariat

Pendant toute la journée de la conférence, une personne-ressource devra rester disponible au téléphone, au siège social, pour toutes demandes de renseignements supplémentaires. Il arrive trop souvent que tout le personnel se trouve à la conférence de presse alors que des journalistes tentent désespérément d'obtenir des informations au téléphone.

6.2 Les absents

Immédiatement après la conférence de presse une vérification du registre des présences permet de dresser la liste des journalistes présents à la conférence et, du même coup, de connaître le nom des chroniqueurs permanents qui couvrent le secteur d'activité concerné n'ayant pu assister à la conférence. En même temps, on repère les médias qui n'ont pas envoyé de représentants. Il faut alors leur faire parvenir par messager, la journée même, le dossier de presse.

Les journalistes spécialisés

Outre les chroniqueurs permanents, chaque organisation connaît les journalistes qui suivent avec attention ses activités et ceux qu'elle souhaite sensibiliser à celles-ci. On peut donc dresser une deuxième liste de journalistes absents à qui il serait souhaitable d'expédier immédiatement un exemplaire du dossier de presse, de sorte qu'ils puissent suivre l'évolution de l'organisation à travers les documents officiels qu'ils recevront.

Les journalistes intéressés

À cette liste s'ajoutent les journalistes qui n'ont pu assister à la conférence et qui ont manifesté de l'intérêt pour celle-ci en demandant de recevoir la documentation lors des rappels téléphoniques. Certains travaillent parfois sur des dossiers connexes. D'autres ont des préoccupations directes dans l'objet de la conférence de presse et veulent suivre le dossier de près. Il faut alors prendre note des coordonnées de ces journalistes et leur faire suivre la documentation.

Il peut être utile de leur téléphoner quelques heures après la conférence, mais avant leur heure de tombée, pour s'assurer qu'ils ont bien reçu le dossier et qu'ils ont en main toutes les informations utiles.

Les éditorialistes

Les éditorialistes spécialisés dans le champ d'activité couvert par l'organisation doivent recevoir également la documentation. Même s'ils se déplacent rarement, sinon jamais, pour assister à des conférences, il est toujours utile de leur faire suivre le dossier de presse.

On connaît habituellement le nom de ces éditorialistes, car ils se manifestent à l'occasion pour obtenir des compléments d'information ou surtout lorsqu'ils signent leurs éditoriaux. Rappelons que, dans certains médias anglophones au Québec et au Canada, les éditoriaux ne sont pas signés. Mais il est toujours possible de connaître le nom de l'éditorialiste qui couvre spécifiquement un secteur d'activité donné.

Si cette opération est bien menée, le destinataire appréciera le geste et aura en main toutes les informations nécessaires pour traiter, s'il y a lieu, de la nouvelle annoncée.

Les hebdomadaires

Si, en région, les journalistes des hebdomadaires suivent de près les conférences de presse, il n'en est pas de même pour les hebdomadaires qui jouxtent les grands centres. Pour eux, la nouvelle est déjà connue et il n'y a aucun intérêt à la diffuser.

Si une partie précise de la nouvelle peut intéresser un tel hebdomadaire, il est utile de faire suivre le dossier de presse à celui-ci en spécifiant l'intérêt qu'il peut avoir à faire connaître la dimension concernée.

En certaines circonstances, des hebdomadaires peuvent bénéficier d'un système de faveur. Ainsi, il est possible de leur fournir l'information avant la conférence, sur laquelle on a mis l'embargo, dans le cas où leur journée de parution coïncide avec la journée de la conférence. Comme leur jour de bouclage est antérieur, si l'organisation souhaite obtenir la couverture de ces médias, elle doit alors procéder ainsi.

Par ailleurs, il est parfois possible de régionaliser la nouvelle et de l'expédier aux hebdos de la région touchée.

Les recherchistes

Les recherchistes des principales émissions de radio ou de télévision qui traitent du secteur d'activité concerné aiment recevoir le dossier de presse. Étant sensibilisés à l'existence de la nouvelle, ils peuvent plus facilement avoir recours au porte-parole de l'organisation comme invité de leur émission.

Telbec

Dans tous les cas, il est utile d'expédier tout au moins le communiqué aux différents médias, ce qui assure de façon automatique une diffusion totale dans la région visée. On utilise habituellement le télécopieur pour une couverture régionale, Telbec pour une couverture nationale et maintenant Internet pour une couverture particulière.

Les relayeurs

Après la conférence de presse, il faut penser à une diffusion de l'information à des multiplicateurs qui sauront amplifier l'objet de la nouvelle, car, au-delà des médias, il y a tout un groupe de relayeurs qui peuvent aider la cause annoncée.

Ceux-ci se recrutent dans les groupes avec lesquels l'organisation travaille habituellement. Cet envoi permet à ces groupes d'être au courant du contenu des projets, de partager les objectifs visés et, le cas échéant, d'y adhérer. Il constitue en même temps un geste de courtoisie envers ces partenaires qui sont associés du même coup à l'action et qui peuvent aider à son implantation. Le fait de recevoir directement la documentation presque en même temps que les médias est apprécié.

6.3 Le suivi des demandes

Immédiatement après la conférence de presse, il est impérieux de donner suite aux demandes qui ont été formulées par les journalistes. Il y a toujours quelques journalistes qui ont manifesté le désir d'obtenir certains documents auxquels on a fait allusion pendant la conférence de presse, ou des statistiques récentes sur certaines tendances qui ont été évoquées, ou encore des photos supplémentaires.

Toutes ces demandes doivent recevoir une réponse rapide. Et si possible, dans les heures qui suivent la conférence. En rendant disponibles rapidement ces documents, les journalistes auront en main les outils nécessaires pour préparer leur article ou topo. De plus, en démontrant une efficacité certaine, l'organisation témoigne auprès des journalistes d'un réel souci de collaboration et les encourage à ne pas hésiter à avoir recours à ses services pour obtenir des compléments d'information.

Lorsque les journalistes ont trouvé parmi certains relationnistes des partenaires qui savent répondre avec intelligence et célérité à leurs demandes, ils ont tendance à entrer en contact avec eux chaque fois qu'ils ont besoin d'exemples ou de précisions sur le secteur d'activité concerné. Une image positive de l'organisation se développe alors du fait qu'elle est citée plus souvent qu'une autre auprès de laquelle il est difficile d'obtenir des informations.

6.4 L'analyse de la couverture de presse

Pour être en mesure de s'adapter rapidement aux réactions provoquées par la conférence, un agent d'information est chargé d'analyser dès le matin même de la conférence la couverture de presse, comme nous l'avons signalé plus haut.

La formulation des questions pendant la conférence fournit également un autre indice de la perception de la conférence. On peut déceler à travers ces questions et le ton sur lequel elles sont posées l'état d'âme des journalistes. Selon le nombre de journalistes présents, l'organisation peut déjà avoir une idée du type de couverture qu'elle obtiendra.

L'écoute des premiers bulletins d'informations de la radio qui suivent le début de la conférence est riche de renseignements. Un agent d'information doit donc être attaché à cette tâche. Car la façon dont la nouvelle sera présentée sur la place publique incitera peut-être de nouveaux journalistes à se manifester et orientera les questions qui pourraient être posées au conférencier.

Il s'agit là d'une première rétroaction à chaud de la conférence très utile pour l'attitude à suivre lors des prochaines interviews. La journée même de la conférence, il faut ensuite écouter la radio et regarder la télévision afin de vérifier comment la nouvelle est diffusée. Si la couverture est jugée inappropriée, on pourra rejoindre immédiatement les journalistes de la presse écrite et électronique pour rectifier les faits ou pour leur fournir plus de précisions sur des points particuliers.

Huot (1994, p. 19) rappelle qu'il ne faut pas s'étonner « si les bulletins de nouvelles ne reprennent pas tout ce qui a été dit en conférence de presse ou en entrevue de presse avec un journaliste ». Pour réaliser son reportage, le journaliste pourra en effet puiser dans les propos tenus lors de la conférence de presse, s'en tenir à l'interview ou faire un mélange des deux. De plus, son chef de pupitre ou de rédaction pourra le confiner dans un espace/temps très limité.

6.5 Les interviews

Nous avons souligné qu'à la suite de la conférence certains médias pouvaient solliciter des interviews, ou la participation à des tables rondes ou une rencontre avec un journaliste. Dans chacun des cas, l'organisation doit témoigner d'une grande disponibilité pour ces demandes. Car, initialement, c'est l'entreprise qui a demandé aux médias de traiter de l'objet de la conférence. Il est donc légitime qu'elle se prête ensuite aux demandes des médias.

Dans certaines circonstances toutefois, si la conférence de presse a suscité des réactions plus fortes que prévues ou inattendues, toute la stratégie d'intervention de l'organisation doit être réévaluée.

Si la conférence de presse a entraîné d'autres partenaires à appuyer l'intervention, c'est que l'information diffusée est tombée en terrain fertile. Si le contraire se produit, ceci signifie que l'analyse de la situation n'était pas adéquate et qu'elle a négligé certaines avenues.

S'il est vrai qu'une conférence de presse minutieusement préparée doit prévoir le pire, il est des circonstances où certains propos prennent des dimensions inattendues. Il y a, dans la société, des groupes de contestation qui n'hésitent pas à se saisir de toute déclaration de leurs adversaires pour essayer de jeter le discrédit sur eux. Si l'on y ajoute le goût des médias pour les sujets de contestation, toute controverse, même artificielle au départ, fera l'objet d'une couverture de presse très présente.

Ainsi, à la suite de la conférence, il faut revoir le scénario original et s'assurer qu'il est toujours adéquat avant de se lancer dans de nouvelles interviews. Le sens des questions posées lors de la conférence, l'écoute des premiers bulletins d'informations radiophoniques suffisent pour capter le ton de la couverture de la conférence.

Ces interviews, suivant la conférence, doivent être préparées avec le même soin que la conférence elle-même. Et le porte-parole doit peser chacune de ses réponses et toujours penser au message qu'il doit transmettre à travers les questions qui lui sont posées. Le rôle d'un bon journaliste dans ces circonstances, c'est de mettre le conférencier en confiance et de l'amener à se livrer davantage que lors de la conférence de presse.

Le porte-parole, de son côté, doit garder présent à l'esprit qu'il est investi de la lourde responsabilité de défendre les intérêts de l'organisation, que ceux-ci soient d'ordre économique, politique ou moral. Il n'est pas question pour lui de cacher ou de dévoiler des secrets, mais plutôt de présenter les faits de façon à favoriser un point de vue.

6.6 L'équipement

Assez rapidement après la conférence, les lieux doivent être libérés, ou remis en état de servir à leurs fins premières. Il s'agit donc de récupérer toute la documentation, les équipements utilisés et de vider la salle de tout ce qui appartient à l'organisation.

Cette activité doit être planifiée, car on ne peut laisser cette tâche à une personne qui sera désignée à la dernière minute. Souvent le matériel à déplacer est lourd. Et ce n'est pas tout de le sortir de la salle, il faut le transporter jusqu'à sa destination finale.

Cette tâche est habituellement ingrate. Car, après la conférence, les personnalités partent de leur côté, fières de leur présentation. Alors que ceux qui travaillent depuis des jours à cette manifestation n'ont pas encore le droit de savourer le travail bien fait.

Si cette tâche est comprise dans les responsabilités bien arrêtées au départ, il n'y a pas lieu de vivre quelque déception que ce soit. C'est la personne désignée à la dernière minute qui en prend habituellement ombrage.

Si les équipements ont été loués, il faut les rapporter à leurs légitimes propriétaires. Et surtout veiller à ne rien oublier derrière.

6.7 La facturation

En quittant les lieux, il reste à approuver et à signer toutes les factures à venir. Ce qui veut dire qu'on a vérifié si les biens et services facturés ont été offerts. Et il ne faut avoir aucun scrupule à poser toutes les questions nécessaires pour s'assurer que la facturation est conforme aux devis initiaux, même si, à certains endroits, les responsables s'offusqueront peut-être de la méfiance ainsi exprimée. Les spécialistes connaissent tous des histoires où des erreurs, oublis, pour ne pas dire autre chose, se sont produits avec des organisations extrêmement sérieuses.

6.8 La mise à jour des listes de presse

Les listes de presse constituent un outil de grande importance pour les relationnistes. Des événements particuliers comme une conférence de presse permettent de les mettre à jour. Après chaque conférence, il est utile de vérifier si le nom des journalistes qui se sont déplacés et de ceux qui se sont manifestés d'une manière ou d'une autre sont inscrits sur les listes de presse. C'est ainsi qu'on constitue une liste permanente de journalistes sympathiques (ou antipathiques) à l'organisation.

« La tenue quotidienne de ces fichiers est indispensable dans le monde mouvant de la presse (naissance et disparition de journaux, journalistes changeant plusieurs fois de collaboration dans une année, pigiste travaillant pour plusieurs publications à la fois) » (Rival, 1961, p. 72).

Cette activité de mise à jour peut être complétée, quelques jours plus tard, avec l'analyse de la revue de presse. On finit ainsi par connaître les journalistes qui couvrent de façon régulière l'organisation.

6.9 La revue de presse

Sa confection

Dans les jours suivant la tenue de la conférence, un soin particulier devra être apporté à monter une revue de presse. « ... il faudra vérifier comment les journaux ont couvert l'événement, conserver copies des articles en indiquant les dates de parution. Le dossier de presse vous permettra d'articuler vos relations avec les journalistes, par la suite, en vous aidant à identifier leur style et leur connaissance du milieu ... » (Fédération des Commissions scolaires catholiques du Québec, 1988, p. 53).

Une revue de presse complète comprend certes les médias écrits, mais également les médias électroniques. Comme la majorité des organisations ne sont pas équipées pour faire l'écoute électronique de tous les postes de radio et de télévision en même temps, le recours dans ce cas à une maison spécialisée s'impose. Ces firmes offrent la transcription de tous les messages de radio et de télévision qui traitent d'un sujet désigné. S'il est prévu d'avoir recours aux services de ces spécialistes, il est nécessaire de les aviser d'avance et de signer avec eux une entente en spécifiant le thème de la recherche souhaitée. Par ailleurs, une firme comme Clip se limite au service de presse écrite. Enfin, avec les médias écrits complètement accessibles sur CD-ROM, il est possible de faire des recherches extrêmement rapides sur tout sujet avec une précision infaillible.

Son analyse

Il ne s'agit pas seulement de colliger, mais surtout d'analyser la revue de presse, c'est-à-dire de voir, d'évaluer et de dégager les grandes tendances de ce qu'ont dit, de la conférence, les journalistes, les éditorialistes, les émissions de radio et de télévision. Trop souvent on se contente de faire une revue de presse spéciale sans jamais faire d'analyse en profondeur des réflexions qui ont été diffusées.

L'analyse peut se faire de multiples façons : soit en calculant les espaces obtenus, soit en accordant une évaluation aux informations parues, soit en réalisant une véritable analyse de contenu. En règle générale, les organisations se contentent de colliger les articles et d'essayer d'en retirer une impression globale. Les analyses fines se font rarement.

Cette façon impressionniste de lire une revue de presse amène les uns à dire qu'ils avaient bien raison de déconseiller la tenue de la conférence de presse, et les autres à se féliciter du résultat obtenu. Car il y aura toujours des articles et des commentaires négatifs, des rapports factuels et quelques bonnes notes. Mais même une couverture de presse négative peut servir à désamorcer une crise qui aurait pu être plus grande si l'organisation n'avait pas rencontré les médias.

Par ailleurs, une évaluation est toujours intéressante pour relever les difficultés rencontrées, les erreurs commises et ainsi permettre de les éviter dans l'avenir. Ou encore pour savoir comment les journalistes ont traité la nouvelle. Est-ce qu'ils ont respecté l'esprit de la communication, déformé, retranché ou omis certaines informations jugées importantes ?

Le volume de la revue de presse donnera une idée de l'importance que les médias ont accordé à la conférence. « N'oubliez jamais que le plus petit entrefilet publié par un journal a dû, pour paraître, entrer en compétition avec la masse de nouvelles qui s'amoncellent avant la mise sous presse, dans la salle de rédaction » (Rival, 1961, p. 80).

6.10 Les mises au point

La revue de presse traduit la façon dont l'objet de la conférence a été perçu par les journalistes. Il peut arriver, en certaines circonstances, que l'organisation estime avoir été très mal servie par le compte rendu des journalistes soit parce que l'angle privilégié par l'un d'entre eux lui semble secondaire, soit parce qu'un autre a cherché à exposer les points les plus négatifs du projet sans les situer dans un contexte plus valorisant, soit qu'un journaliste a confondu quelques éléments de la conférence de presse ou biaisé la nouvelle. Cette situation se complique lorsqu'on a vraiment l'impression que le journaliste a décidé de se livrer à une charge en règle contre l'organisation. Et elle devient pénible lorsqu'on sent chez celui-ci de la mauvaise foi.

Il faut se souvenir que, même à l'intérieur d'une organisation, il y a souvent des difficultés à établir un consensus sur le bien-fondé d'une position. Et il se trouve toujours quelqu'un pour critiquer le geste, l'idée ou l'action accomplie. Comment ne pas accepter alors qu'un journaliste ait la même réaction ?

Par ailleurs, il est vrai que certains journalistes arrivent mal à saisir la complexité des situations. Ils réduisent alors les faits de façon à les mettre en opposition et créent ainsi des controverses là où il y avait seulement des points de vue différents.

« Partez toujours avec l'idée que vous devez aider le journaliste à faire son travail et non de celle que vous avez à vous interposer entre son travail et lui. Votre fonction est de rendre service. Si votre propos a été mal interprété — et les journalistes ne sont pas infaillibles — ne blâmez pas la presse. Demandez-vous d'abord si vous avez vous-même raconté votre histoire clairement » (Rival, 1961, p. 17).

Dans ces circonstances, il est donc inutile de blâmer les médias si l'organisation n'est pas d'accord avec la façon dont la conférence a été couverte par certains journalistes, tout particulièrement si le résultat donne une impression négative de l'organisation.

Du reste, lorsqu'une organisation s'estime, à juste titre, lésée par une mauvaise couverture de presse, elle ne doit pas hésiter à faire une mise au point auprès du journaliste concerné. Celui-ci ne rectifiera pas nécessairement la nouvelle, mais sera plus prudent la prochaine fois s'il reconnaît les faits qui sont portés à son attention et si cela lui a été démontré avec toute la finesse requise.

Par ailleurs, de façon plus régulière, il se glisse dans les comptes rendus des coquilles de plus ou moins grande importance. On se trompe de prénom, on donne le mauvais titre, on cite les mauvais chiffres. Il s'agit là d'erreurs bénignes qui ne changent en rien le fond de la couverture. Il y a lieu, toutefois, d'aviser gentiment le journaliste de l'erreur commise pour éviter qu'elle se répète.

« Si les articles qui ont paru dans les quotidiens ne vous satisfont pas, évitez « d'engueuler » les journalistes. Si vous avez été mal cité ou si des chiffres sont inexacts, vous devez cependant les aviser mais toujours en étant positifs. Vos relations ultérieures en dépendent »

(Fédération des Commissions scolaires catholiques du Québec, 1988, p. 53).

Ces mises au point peuvent être faites au téléphone ou par écrit selon la gravité de l'erreur ou selon l'importance de l'erreur à corriger. Les journalistes tiennent compte de ces remarques et apportent une rectification si c'est utile à la compréhension des faits. Mais il faut éviter, à partir de ces coquilles ou erreurs, de décréter que les journalistes ne sont même pas capables de copier les noms qu'on leur donne. Et de partir en guerre contre eux. Chacun, dans son métier, commet des erreurs vénielles.

6.11 Les remerciements

Le responsable des communications doit s'assurer, après la conférence, que les principaux organisateurs recevront des remerciements.

Les félicitations au porte-parole

Les porte-parole s'inquiètent souvent après la conférence de savoir si tout s'est bien passé. Ce qui les intéresse surtout, c'est de savoir si, eux, ont bien rempli leur rôle. Seul le responsable des communications peut prodiguer de façon crédible des félicitations à ce porte-parole, car, en fait, c'est lui le spécialiste de la manifestation.

Il ne faut donc pas hésiter à lui transmettre des félicitations bien senties. Il est possible que tout ne se soit pas déroulé comme souhaité, que les conseils prodigués n'aient pas tous été bien assimilés, qu'il aurait dû user d'un peu plus de retenue dans certaines réponses, mais après la conférence il est nécessaire d'oublier, pour quelques jours, ces éléments et ne pas hésiter à lui rendre hommage pour la façon dont il s'en est tiré. Cette marque de confiance le rassurera et le mettra dans des dispositions généreuses la prochaine fois qu'il devra se prêter à une intervention publique.

Si, par hasard, il avait commis une bévue qui pouvait être grave ou désastreuse, il faut le prévenir gentiment qu'il est possible que les journalistes tirent profit d'une remarque inopportune et le préparer au cas où les médias ne donneraient pas un bon compte rendu.

Le personnel des communications

Après une conférence de presse, le porte-parole devrait adresser un petit mot de remerciements à l'ensemble des participants qui ont travaillé à l'organisation de la conférence. Certains ont dû être à l'œuvre durant des heures, sous pression, pour s'assurer que tout fonctionne bien. Le petit mot gentil de leur directeur ne suffit pas. Les remerciements venus du porte-parole semblent mieux sentis. Pour éviter tout retard et toute ambiguïté, un bon relationniste préparera lui-même pour la signature du porte-parole cette lettre bien sentie.

Les journalistes

Si l'on surveille avec attention les comptes rendus qui sont défavorables et qu'on est toujours prêt à faire part aux journalistes de son insatisfaction, on devrait développer autant d'énergie pour apprécier un compte rendu bien fait, même s'il est critique. Or, ce n'est pas la coutume de remercier les journalistes, ni de leur témoigner une quelconque appréciation pour leur travail. Et ceci s'explique facilement. Le journaliste ne cherche pas à plaire à une organisation, mais à traduire pour le public qu'il dessert les informations qui sont portées à son attention. Le journaliste n'aime pas avoir l'impression d'avoir bien « servi » une entreprise. Ainsi, les félicitations sont plus difficiles à formuler.

Néanmoins, il s'agit là d'un geste de courtoisie qui, s'il est fait avec tact, permet de nouer de bonnes relations avec les journalistes. Car, s'ils subissent les gens qui se plaignent, les journalistes ont rarement l'occasion d'entendre parler de façon généreuse de leur travail. Quelques mots de remerciements aident à entretenir avec eux une relation amicale qui pourra s'avérer profitable pour toute autre activité de relations publiques ou de communication.

Ces téléphones doivent être faits avec doigté pour ne pas donner l'impression aux journalistes d'être harcelés. Déjà, ils ont reçu un appel pour savoir s'ils seraient présents à la conférence alors qu'ils avaient l'invitation devant eux. Pendant la conférence, ils ont eu la possibilité de parler à des membres de l'organisation. Leur téléphoner encore après constitue beaucoup de sollicitude. Il s'agit donc de savoir doser ces appels.

La possibilité d'envoyer, sous la signature du président, une lettre à certains journalistes peut être envisagée et recevoir un accueil favorable. Enfin, à défaut d'une action concertée, il est utile, à la première occasion, de témoigner au journaliste l'appréciation que suscite son travail.

Le responsable des communications

Lorsque chacun aura reçu les remerciements et les félicitations d'usage, le responsable des communications notera que personne n'a pensé à lui. Le président aura signé la lettre préparée pour ses collaborateurs, il se sera fait un devoir de remercier ses conseillers et aura même eu un mot gentil pour les journalistes. Il aura manifesté son mécontentement s'il y a lieu.

Si tout s'est déroulé à la perfection personne ne pensera à formuler des remerciements au responsable des communications. Il n'aura fait que son travail et personne n'aura idée de la lourde tâche que présente l'organisation d'une conférence de presse. Car tout se sera déroulé avec une telle souplesse que chacun s'imaginera qu'il s'agit d'une tâche singulière et facile.

6.12 L'évaluation

Après une conférence de presse il est utile d'évaluer les différents éléments de la conférence : Est-ce que tout s'est bien déroulé ? Est-ce qu'on a apporté les bonnes réponses aux questions ? Est-ce que la logistique était impeccable ? Quelles sont les retombées de la conférence de presse ?

Cette évaluation peut se faire avec les membres du service des relations publiques présents ; elle peut se faire avec la personnalité qui a participé à la conférence ; elle peut se faire avec les partenaires ; ou même avec une firme extérieure, si elle était associée à l'événement. Il est exceptionnel toutefois qu'on engage une firme principalement pour une telle évaluation. On appelle cette activité le « post-mortem » de la conférence.

L'analyse de la couverture de presse et de la revue de presse sont déjà deux formes d'évaluation. Mais il faut les intégrer dans une démarche plus globale. L'analyse *a posteriori* du traitement accordé à l'objet de la conférence de presse permettra d'évaluer son impact et d'ajuster les futures étapes de communication qui peuvent prendre la forme de tournée, interviews particulières du conférencier, publicité...

L'évaluation de l'intérêt suscité par la conférence

Le nombre de journalistes présents et la quantité de messages diffusés donnent un indice de l'intérêt qu'a suscité la conférence. Une bonne couverture confirme l'attrait de la conférence et justifie en quelque sorte les énergies investies pour la préparer. Mais cela ne donne aucune information sur la qualité du message.

L'évaluation du contenu

Ce qui importe le plus, c'est de vérifier si le message souhaité a été véhiculé de façon appropriée et si les objectifs visés ont été atteints.

Le contenu peut s'évaluer par des études quantitatives et qualitatives. Les méthodes quantitatives permettent soit de cumuler le nombre d'articles et de topos, soit de vérifier l'espace et l'emplacement qu'ils occupaient dans les médias, ou de vérifier l'ampleur du public atteint. Les études qualitatives aident à déterminer le caractère positif ou négatif de chaque nouvelle ou de chaque unité d'information. Elles font apparaître l'orientation que les journalistes ont donnée à leur nouvelle. Il est aussi possible de comparer la couverture des médias les uns avec les autres.

Certaines firmes spécialisées s'acquittent très bien de cette tâche. Elles peuvent réaliser des études d'impact de la couverture de presse qui feront ressortir les grandes tendances de l'événement. Ce type d'évaluation est intéressant parce qu'il permet de découvrir la façon dont a été présenté au public l'objet de la conférence.

Sur le plan quantitatif, certaines firmes et organisations comptabilisent l'espace/temps obtenu à la suite de la conférence de presse et calculent le montant qui aurait dû être dépensé pour acheter le même espace/temps en plages publicitaires. Pierra (1995) signale qu'une firme multiplie ce chiffre par un coefficient de 5 pour calculer la véritable valeur monétaire obtenue.

La perception du public

Le nombre de nouvelles parues sur le sujet indique le degré d'intérêt qu'a suscité la conférence auprès des médias. L'analyse du contenu de ces nouvelles détermine si le message diffusé par les médias est celui que souhaitait transmettre l'organisation. Mais on ne sait toujours pas de quelle façon le message transmis par l'organisation, véhiculé par le média, a été reçu par le citoyen consommateur. En fait, comment exerce-t-il sa perception sélective face aux informations qui lui sont acheminées ?

Seuls des sondages d'opinion peuvent donner une juste idée de cette perception. Les partis politiques utilisent ces sondages pour connaître le degré d'adhésion de la population aux programmes d'action ou aux projets qu'ils lancent. Encore faut-il se souvenir que l'opinion publique est une réalité bien changeante et qu'un revirement de situation peut produire des effets inattendus.

L'attitude des journalistes

Les journalistes avaient-ils un préjugé favorable ou négatif envers l'organisation ? Cette perception a-t-elle marqué la couverture de presse ? Les questions étaient-elles posées de façon agressive ? A-t-on tenté de piéger le porte-parole ? Les réponses à ces questions peuvent donner une bonne idée de l'image de l'organisation aux yeux des journalistes.

Le déroulement de la conférence

On doit aussi s'interroger sur les divers éléments qui composaient la conférence de presse. Le choix du porte-parole était-il judicieux ? L'attitude des collaborateurs était-elle adéquate ? Ont-ils bien transmis le message ? La stratégie de présentation était-elle à point ? La période pour tenir la conférence était-elle bien choisie ? Il s'agit moins ici de porter des jugements sur les acteurs de la conférence que de tirer des leçons utiles pour les expériences ultérieures.

Le recours à l'opinion des journalistes avec lesquels des relations étroites d'amitié se sont développées pour évaluer cet aspect reste une avenue ouverte. Mais il arrive aussi que les journalistes se permettent eux-mêmes des commentaires sur l'organisation dans leur compte rendu.

Évaluation de l'organisation matérielle

Le lieu choisi était-il adéquat ? La salle était-elle convenable ? Les services étaient-ils à point ? Il est essentiel, après une conférence, de noter à l'aide d'une grille de référence tous les éléments positifs et négatifs que l'on retient de l'organisation matérielle pour être en mesure plus tard d'améliorer ces aspects.

Il ne faut pas se fier uniquement à sa mémoire pour tenter, quelques mois plus tard, de se souvenir si l'endroit choisi la dernière fois était acceptable. Avec le temps, les perceptions s'atténuent. Il est préférable de les noter au fur et à mesure.

Il en est de même au cours de la conférence de presse : il est utile de noter au moment même les inconvénients perçus et les améliorations qui auraient pu être apportées de façon à mieux se préparer pour la manifestation suivante.

Enfin, les moyens qui ont été pris pour la réalisation de la conférence doivent être évalués : le budget, la documentation, les ressources humaines et l'échéancier.

Avec une bonne évaluation, il est possible de savoir « si le choix de la conférence de presse était le meilleur moyen à prendre pour diffuser votre message » (Communication-Québec, s.d.).

La perception des autorités

La perception des participants de la conférence de presse constitue une autre source de réaction. Pour des raisons qui lui sont personnelles, le président peut estimer que la conférence s'est très bien déroulée ou se montrer très insatisfait de certains éléments, y compris de sa propre prestation. Il ne s'agit pas ici de se demander s'il a raison ou non, mais d'intégrer ces critiques dans l'évaluation définitive. Il en est de même des réactions de ses principaux collaborateurs.

Si le président estime que la conférence ne s'est pas bien passée, on doit, le cas échéant, le convaincre du contraire et non pas mettre en doute ses capacités de porter un jugement objectif sur une telle manifestation. Il ne faut jamais négliger le fait que, la prochaine fois, ce sera toujours lui qui décidera de l'opportunité de tenir une conférence de presse.

Les aléas

Malgré toutes les précautions d'usage prises, une conférence de presse peut recevoir une attention décevante. Elle peut passer inaperçue dans le flot d'informations diffusées par les médias cette même journée, ou recevoir un traitement mineur. Elle risque de ne pas être retenue comme nouvelle par les chefs de pupitre, même si le journaliste qui a couvert l'événement considère qu'il y a matière à nouvelle.

Les groupes d'opposition au projet annoncé vont immédiatement réagir à la conférence de presse, car ils en seront certainement avisés par les journalistes qui chercheront leurs réactions. Et celles-ci peuvent aussi créer la nouvelle.

Il y a toujours, par ailleurs, le danger d'être en concurrence avec une autre conférence de presse de plus grande importance qui monopolisera davantage l'attention des médias.

Ainsi l'évaluation doit être relativisée. Elle peut déterminer l'ampleur que les médias ont accordé à cette activité, mais ne livre pas les raisons de cette situation. Pour ce faire, les études requises sont très complexes. En deçà des erreurs toujours possibles commises par l'organisation, il existe des conjonctures qui aident ou nuisent au succès d'une conférence. Il faut savoir apprécier le hasard qui a favorisé le succès de la conférence, évaluer les circonstances qui lui ont nui et savoir reconnaître ses erreurs.

Tout échec réel ou perçu comme tel constitue un poids difficile à porter pour le responsable des communications qui n'a pas vu se concrétiser de façon positive tous les efforts investis dans la préparation de la conférence. Il pourra même devoir porter la responsabilité de certaines bavures qui ne dépendaient pas, ni de près ni de loin, de ses activités.

6.13 La stratégie d'appui

La communication est d'abord et avant tout un outil de gestion. Une fois la diffusion faite, on doit essayer de mettre au point une stratégie qui permettra à l'organisation de prolonger le travail de la conférence de presse. Des efforts doivent être entrepris pour faciliter l'implantation de ce qui a été annoncé.

Il est aussi possible de rechercher pour le porte-parole des tribunes où il pourra continuer de développer le discours qu'il a présenté lors de la conférence de presse. Il peut s'agir des déjeuners prestigieux comme ceux de la Chambre de commerce qui reçoivent une excellente couverture de presse tout en permettant à la personnalité de faire connaître à des multiplicateurs intéressants les thèmes de la conférence. On peut également organiser des tournées d'information, rechercher des émissions d'affaires publiques, participer à des émissions communautaires du câble, utiliser les publications internes ou externes de l'organisation.

Même si la nouvelle suscite un réel intérêt dans les médias, il ne faudrait pas perdre de vue qu'elle tombe très rapidement dans l'oubli. Il devient donc nécessaire pour le relationniste de trouver de nouvelles tribunes pour qu'on parle de nouveau de l'objet de la conférence. C'est pourquoi les actions suivantes prennent une grande importance puisqu'elles permettent à la nouvelle de rester dans l'actualité.

Les communications ne peuvent se résumer aux différentes techniques de diffusion de l'information. Tenir une conférence de presse n'est qu'une initiative pour diffuser l'information. Mais qu'a-t-on fait pour s'assurer que l'information tombe en terrain fertile ? Que va-t-on faire après la conférence de presse pour s'assurer que son message a bien été véhiculé, a bien été compris et a été bien suivi ? Un plan de communication qui intègre la conférence de presse dans une stratégie d'influence plus vaste doit être réalisé.

6.14 Le budget

La dernière tâche à accomplir est de s'assurer que toutes les factures sont entrées, que les engagements financiers ont été respectés et payés. Il arrive qu'après la conférence de presse des factures traînent parce qu'elles n'avaient pas été prévues. Ou alors un collaborateur a négligé de les remettre à la bonne personne.

Chaque retard à payer une facture coûte cher. D'abord en intérêt. Et aussi en énergie. Les créanciers qui s'inquiètent de ne pas être payé téléphonent. S'ensuivent des recherches pour savoir où en est rendu le paiement pour se rendre compte que la facture n'a pas été acheminée au service comptable. Alors, il faut rechercher la facture et avoir recours à une procédure d'urgence qui demande également temps et énergie.

Il s'agit de la dernière tâche à effectuer avant de fermer les dossiers de façon définitive.

7

CONCLUSION :
MANIPULATION OU SERVITUDE

Si une organisation déploie autant d'énergie pour séduire et convaincre les journalistes, si elle investit autant d'efforts pour préparer des messages qui attireront la sympathie du public qu'elle vise, on peut conclure que la conférence de presse constitue une forme de manipulation.

En effet, l'organisation habille son discours d'une façon méticuleuse ; elle choisit, pèse et soupèse les mots qu'elle utilise ; elle se prépare à répondre aux questions délicates ; elle fabrique les phrases clefs qui seront diffusées à la radio et à la télévision ; elle détermine et impose les axes principaux qui orienteront la couverture de presse.

Comme l'initiative de la conférence de presse revient en fait aux organisations, tous les efforts seront donc déployés pour s'assurer qu'elle leur sera profitable. Et de fait, le relationniste doit pouvoir utiliser la conférence de presse comme un outil de communication utile et efficace pour l'organisation.

En réalité, la conférence de presse pourrait être qualifiée de mise en scène pour favoriser la diffusion d'un message déjà préparé. Tout comme la tauromachie est présentée comme un combat entre le matador et le taureau mais n'est en somme qu'un rituel pour tuer le taureau, la conférence de presse est présentée comme un échange et un dialogue entre deux partenaires sociaux alors qu'elle peut être considérée comme une routine journalistique pour permettre aux organisations de diffuser leur message. Et, tout comme dans la tauromachie, il y a des erreurs de parcours où le taureau a raison du matador — ce qui reste extrêmement rare — il y a des conférences de presse où une organisation mal préparée ou qui n'a pas su prévoir les coups subit la charge des médias — mais c'est aussi plutôt rare.

Cette manipulation a été décriée sous plusieurs formes par de nombreux auteurs, par des groupements populaires et même par des journalistes. Leur thèse est la suivante : les groupes bien nantis exercent une influence disproportionnée sur la définition des enjeux sociaux parce qu'ils ont un accès plus facile aux médias. D'une part, ils sont mieux organisés pour préparer leur message et savent jouer toutes les règles du jeu social ; d'autre part, les journalistes accordent plus de crédibilité aux institutions reconnues qu'aux groupes contestataires.

Cette approche constitue une critique intéressante de l'hégémonie de la classe dominante sur les institutions sociales mais mériterait d'être nuancée et surtout appuyée par des études plus ponctuelles.

Selon Gandy (1982), les organisations qui peuvent subventionner la diffusion de l'information, c'est-à-dire faciliter le travail des journalistes en faisant la cueillette et l'analyse des données, ont un avantage certain sur les groupes communautaires. Et l'auteur cite le cas de la puissance financière des producteurs d'énergie atomique et leur capacité de dépenser pour se donner une image publique positive. Il oublie toutefois que les groupes contestataires ont réussi, sans beaucoup d'argent, à miner ces efforts et à donner de l'industrie nucléaire une image très négative. Et nous avons démontré (Dagenais, 1989) que les groupes organisés obtenaient plus d'espace dans les médias écrits que les institutions nanties qu'ils combattaient.

Par ailleurs, Beauchamp (1987) a dénoncé la difficulté des femmes d'avoir accès aux médias. Mais, ce faisant, elle accuse davantage la société que reflètent les médias qu'un parti pris de ceux-ci. Keable (1985, p. 40-41) poursuit dans la même veine : « Aux efforts de communications, aux espoirs et aux stratégies des moins puissants, répondent les machines chromées, bien huilées et systématiques, ces bulldozers que sont les services d'information, qui pondent, constamment, des nouvelles et en inondent les médias. (...) Le rôle des relationnistes est d'amener le plus aimablement ou habilement possible les journalistes à répéter, dans leurs médias, comme des *perroquets* (l'italique est de nous), le message préparé à leur intention ».

Les journalistes se disent à la merci de leurs sources et, selon eux, ce sont les communicateurs institutionnels qui sont, dans la majorité des cas, les créateurs des nouvelles. Selon Lesage (1980, p. 283), les pistes privilégiées par les journalistes politiques sont déterminées par les discours officiels. Les journalistes sont à la remorque de leurs sources et quémandent généralement des nouvelles comme ils quémandent leurs payes à l'entreprise de presse qui les emploie.

Cette approche laisse aux journalistes un piètre rôle d'exécutant et aux médias un rôle odieux de parti pris. Mais les journalistes sont-ils vraiment à la merci des communicateurs institutionnels comme semblent le croire certains d'entre eux ?

Il faut opposer cette approche de la manipulation à celle de la servitude (Dagenais, 1992). Pour certains auteurs (Mermet, 1987), dont des journalistes (de Virieu, 1990), les médias exercent sur la société une véritable dictature. Ils font et défont des présidents ; ils créent des héros et les brûlent ; ils gonflent artificiellement le succès des entreprises et précipitent les crises économiques.

En fait, aucun acteur social n'a d'existence, aucune idée n'a de réalité si les médias ne leur prêtent vie. Un critique de théâtre à New York peut anéantir dans un article des mois de travail s'il n'aime pas la dernière comédie musicale présentée. La vie privée des gens, leur réputation, a peu de poids lorsque vient le temps de sortir une bonne nouvelle.

La course aux rumeurs, le commérage public, les journaux populaires qui se délectent et exploitent la nudité des uns et le malheur des autres, tout ceci constitue une forme encore plus grande de manipulation des valeurs d'une société.

Et on arrive à se demander si les organisations n'en sont pas venues à développer des stratégies pour se défendre contre les pouvoirs puissants et non contrôlés des médias. Ce qui paraissait manipulation devient servitude. Ce qui semblait un outil pour vendre une organisation se transforme en mécanisme d'autodéfense des organisations face aux médias.

Si les informations ne sont pas présentées dans des formats qui font partie de la routine journalistique, si les organisations ne mettent pas de l'avant, avec tout l'art de la séduction, les éléments positifs qui les concernent, alors elles se jettent en pâture au dénigrement continuel des médias pour qui la normalité est moins intéressante que la controverse, le bonheur normal est moins spectaculaire que le malheur subit, la régulation est moins généreuse que la contestation.

La conférence de presse est devenue pour les organisations un moyen de vaincre la toute-puissance des médias, d'avoir accès à l'espace public, et constitue une forme de servitude à laquelle elles ne peuvent échapper.

Qu'elle soit manipulation ou servitude selon les écoles de pensée, la conférence de presse demeure une technique essentielle pour la diffusion d'information.

BIBLIOGRAPHIE

AUCLAIR, Georges, 1970, *Le mana quotidien*, Paris, Éditions Anthropos.

AUCLAIR, Marcel et BEAUCAGE, Yves, 1983, *Guide d'utilisation des médias*, Le Cercle des Communicateurs de Vaudreuil-Soulanges, Le cercle de presse de Valleyfield, 46 p.

BEAUCHAMP, Colette, 1987, *Le silence des médias : les femmes, les hommes et l'information*, Montréal, Éditions du Remue-Ménage, 281 p.

BLOUIN, Nicole *et al.*, 1979, *Communication et relations publiques*, Montréal, Éditions Commerce/Éditions Leméac, 368 p.

LA CAISSE D'ÉCONOMIE DESJARDINS, 1989, *Guides d'intervention en communication*, Montréal, Fédération des caisses d'économie Desjardins du Québec.

CERCLE DE PRESSE DE L'AMIANTE, 1984, *Communiquer et travailler efficacement avec les média*, imprimé par le Service d'éducation des adultes de la Commission scolaire régionale de l'amiante, 18 p.

CLARK, Marcia S., 1986, « Checklist : getting your news releases through ».

COMEAU, Paul-André, 1986, « Journalisme et quincaillerie », *Le Devoir*, Montréal, 6 octobre.

COMMUNICATION-QUÉBEC, s.d., *Fiches méthodologiques en communication*, Québec, Ministère des Communications.

COMMUNICATION-QUÉBEC, 1980, *Guide d'utilisation des médias*, Rouyn, Communication-Québec, 52 p.

COMMUNICATION-QUÉBEC, 1981, *Normes d'organisation d'une conférence de presse*, Québec, Communication-Québec région 03.

COMMUNICATION-QUÉBEC, 1982, *Les relations de presse*, Hull, 16 p.

CONSEIL DES LOISIRS DE LA MAURICIE, 1983, *Les outils et les accessoires du relationniste*, Trois-Rivières, 35 p.

CORMIER, Michel, 1991, « Politique et télévision : le cas du parti conservateur lors de l'élection fédérale de 1984 », in CHARRON Jean, LEMIEUX Jacques et SAUVAGEAU, Florian, *Les journalistes, les médias et leurs sources*, Boucherville, Gaëtan Morin éditeur, p. 31-64.

CUTLIP, Scott M. et CENTER, Allen H, 1985, *Effective Public Relations*, Englewoods Cliffs, N.J., Prentice-Hall Inc., 670 p.

DAGENAIS, Bernard, 1989, « Les médias donnent-ils davantage la parole à certains groupes sociaux ? », Communication donnée à l'Association canadienne de Communication, Québec, juin, 33 p.

DAGENAIS, Bernard, 1990, *Le communiqué ou l'art de faire parler de soi*, Montréal, VLB, 168 p.

DAGENAIS, Bernard, 1991, « Les institutions et la gestion de leur image publique », in BEAUCHAMP, Michel, *Communication publique et société*, Boucherville, Gaëtan Morin éditeur, p. 337-368.

DAGENAIS, Bernard, 1992, « Les médias d'information influencent nos façons d'être, de penser et de se comporter : réflexions sur l'hégémonie des médias dans la transmission de la culture », Conférence à la Faculté des Sciences sociales de l'Université de Buenos Aires, Argentine, avril, 17 p.

DAVID, Michel, 1992, « La démocratie secrète de Robert Bourassa », *Le Soleil*, Québec, 20 juin, p A-16.

DERY, Irène, 1982, *La conférence de presse*, Conseil des Loisirs de la Mauricie, 24 p.

DES RIVIÈRES, Paule, 1995, « La promotion à la SRC : assez, assez ! », *Le Devoir*, Montréal, 2-3 septembre, p. B2.

DE VIRIEU, François-Henri, 1990, *La médiacratie*, Paris, Éditions Flammarion, 293 p.

DOIN, Richard et LAMARRE, Daniel, 1986, *Les relations publiques, une nouvelle force de l'entreprise moderne*, Montréal, Éditions de l'Homme, 219 p.

DUMONT-FRÉNETTE, Paul, 1971, « Pratiques courantes et démarches particulières », in BLOUIN, Nicole *et al.*, *Communication et relations publiques*, Montréal, Éditions Commerce/Éditions Leméac, p. 331-348.

DUMONT-FRÉNETTE, Paul, 1980, *La communication, un agent de changement*, Montréal, François L. de Martigny, 156 p.

DUNN, Delmer D., 1969, *Public Officials and the Press*, Reading, Mass., Addison-Wesley Publishing Co., 208 p.

FÉDÉRATION DES COMMISSIONS SCOLAIRES CATHOLIQUES DU QUÉBEC, 1988, *Promotion du système public d'enseignement. Des moyens à notre portée*, Québec, 104 p.

GANDY, Oscar, 1982, *Beyond Agenda Setting : Information Subsidies and Public Policy*, Norfolk, Abex Publishing.

GENTON L., Paul, 1970, *Les relations publiques*. Édition Art et Voyages, Belgique, 162 p.

GEOFFROY, Nicole et DUBUC, Geneviève, 1980, *Les femmes et les médias*, Québec, Gouvernement du Québec. Conseil du statut de la femme, 55 p.

GUILHAUME, Philippe, 1991, « L'information est malade » *Éthique et communication*, Actes du 5ᵉ colloque Entreprise et communication, Groupe de recherche en communication des organisations, Bordeaux, ISIC, 328 p.

HILTON, Jack, 1987, *How to Meet the Press. A Survival Guide*, New York, Dodd, Mood & Cie, 203 p.

HUISMAN, Denis, 1967, *Le guide de l'attaché de presse*, Paris, Dunod, 114 p.

HUOT, Renaud Y., 1994, *Guide pratique en organisation et gestion d'événement, Volume 6 : Conférence de presse*, Gestion Yves Renaud Inc., 182 p. et annexes.

HYDRO-QUÉBEC, 1989, *Vos relations avec la presse. Guide des relations avec les médias*, Québec, Vice-présidence Information et Affaires publiques, 19 p.

IRVINE, Robert B., 1987, *When You Are the Headline. Managing a Major News Story*, Homewood (Ill.), Dow Jones-Irwin.

KAHN, Jean-François, 1979, *Le Matin de Paris*, 30 mars.

KEABLE, Jacques, 1985, *L'information sous influence, comment s'en sortir*, Montréal, VLB, 229 p.

LALIBERTE, Mario, s.d., *Techniques avancées de relations publiques*, Département d'information et de communication, Université Laval, Québec.

LALIBERTE, Mario, 1981, *Des instruments de relations publiques à votre portée*, Département d'information et de communication, Université Laval, Québec, 212 p.

LE HIR, Françoise et LEMIEUX, Jacques, 1991, « Alcan et le projet de l'usine Laterrière au Saguenay », in CHARRON, Jean, LEMIEUX Jacques et SAUVAGEAU, Florian, *Les journalistes, les médias et leurs sources*, Boucherville, Gaëtan Morin éditeur, p. 65-100.

LE MONDE, 1993, « Un emballage soigné », Paris, 6 avril, p. 1.

LES AFFAIRES, 1982, « Quand et comment organiser une conférence de presse ? Quand émettre un communiqué ? », Montréal, 18 décembre, p. 15.

LESAGE, Gilles, 1980, « L'information politique à Québec », in SAUVAGEAU Florian, LESAGE Gilles, et DE BONVILLE J., *Les journalistes : dans les coulisses de l'information*, Montréal, Québec/Amérique, 421 p.

LESSARD, Denis 1988, « Quatre ministres pour annoncer un modeste programme d'aide aux érablières », *La Presse*, Montréal, 8 octobre.

LOUGOVOY, Constantin, 1974, *L'information et la communication de l'entreprise*, Paris, PUF, 104 p.

LOUGOVOY, Constantin et HUISMAN, Denis, 1981, *Traité de relations publiques*, Paris, PUF, 646 p.

LOWELL, Ronald P., 1982, *Inside Public Relations*. Oregon State University, Allyn and Bacon Inc., 415 p.

MAC SHANE, D. 1979, *Using the Media. How to Deal with the Press, Television and Radio*, London, Pluto Press, 218 p.

MATTELART, Armand et Michèle, 1979, *De l'usage des médias en temps de crise*, Paris, Alain Moreau, 447 p.

MERMET, Gérard, 1987, *Démocrature. Comment les médias transforment la démocratie*, Paris, Aubier, 262 p.

MINISTÈRE DES COMMUNICATIONS, 1983, *Guide d'utilisation des médias*, Québec, Gouvernement du Québec.

MISSIKA, Jean-Louis et WOLTON, Dominique, 1983, *La folle du logis, La télévision dans les sociétés démocratiques*, Paris, Gallimard, 338 p.

MORIN, Edgar, 1981, *La méthode 1. La nature de la nature*, Paris, Le Seuil, Collection Points, 400 p.

NUNNALLY, Elam W., 1990, *Les bases de la communication pour les professionnelles et les professionnels des services humains*, Montmagny, Éditions Saint-Yves.

PARTI QUÉBÉCOIS, 1995, *Le guide des communications*, Montréal, 37 p. et annexes.

PASSERON, André, 1991, « La conférence de presse du chef de l'État. Un mode de communication introduit en France par le général de Gaulle », *Le Monde*, Paris, 12 septembre, p. 9.

PIERRA Patrick, 1995, « Doin, Alexandre et associés mise sur les conférences de presse de luxe », *Le Devoir*, Montréal, 25/26 novembre, p. C3.

PROULX, Jean-Pierre, 1981, « Un sursis sans sursaut », *Le Devoir*, Montréal, 23 septembre.

REILLY, Robert T., 1981, *Public Relations in Action*, University of Nebraska at Omaha. Prentice-Hall Inc., 468 p.

RIDGWAY, Judith, 1984, *Successful Media Relations. A practitioner's guide*, Gower.

RIVAL, Ned, 1961, *Guide pour la pratique des relations publiques*, Paris, Dunod, 374 p.

RIVERIN BEAULIEU, Caroline et SAUVAGEAU, Florian, 1991, « Québec 84 ou des médias « mer et monde » », in CHARRON, Jean, LEMIEUX, Jacques et SAUVAGEAU, Florian, *Les journalistes, les médias et leurs sources*, Boucherville, Gaëtan Morin éditeur, p. 135-170.

RIVET, Jacques et GILBERT, Marcel, 1969, « La presse et le 24e congrès annuel des relations industrielles de Laval », in *Le public et l'information*, Québec, Les Presses de l'Université Laval, p. 196-220.

SAINDERICHIN, Sven, 1970, *Les techniques de l'information au service de l'entreprise ou le savoir-faire du faire-savoir*, Puteaux, Éditions Hommes et Techniques, 152 p.

SAUCIER, Jocelyne, 1991, *Guide d'utilisation des médias*, Québec, Les Publications du Québec, 108 p.

SAUVÉ, Mathieu-Robert, 1992, « Qui veut la peau de Roger Tétreault », *Le - 30 -*, Montréal, décembre-janvier, p. 9-11.

SCHNEIDER, C., 1970, *Principes et techniques des relations publiques*, Paris, Éditions J. Delmas.

SERVICE D'INFORMATION ET DE DIFFUSION DU PREMIER MINISTRE (FRANCE), 1986, *Guide pratique de la communication gouvernementale*, Texte photocopié.

SERVICE D'INFORMATION ET DE DIFFUSION DU PREMIER MINISTRE (FRANCE), 1991, *Guide pratique de la communication gouvernementale*, Paris, 192 p.

SNYDER, Mel, 1969, « How to get the best in pictures », *Public Relations Journal*, mars.

TIXIER-GUICHARD, Robert et CHAIZE, Daniel, 1993, *Les Dircoms, À quoi sert la communication ?*, Paris, Seuil, 595 p.

VAN BOL, Jean-Marie et UGUEUX, William (sous la direction de), 1983, *Les relations publiques responsabilité du management*, Bruxelles, Éditions Labor, 368 p.

WALSH, Frank, 1986, *Public Relations Writer in a Computer Age*, Englewood Cliffs, N.J., Prentice Hall inc.

WATZLAWICK, Paul, 1984, *La réalité de la réalité : confusion, désinformation, communication*, Paris, Éditions du Seuil, Collection Points, 240 p.

WILCOX, Dennis L., AULT, Phillip H. et AGEE, Warren K., 1986, *Public Relations, Strategies and Tactics*, New York, Harper and Row, 645 p.

YORK Geoffrey, 1990, « Warriors criminals, federal official says », *The Globe and Mail,* Toronto, July 24, 1990, p. 1.

TABLE DES MATIÈRES

AGMV
MARQUIS
Québec, Canada
1999